Provocativa y Serena

Poemas Escogidos

Rina A González

Provocativa y Serena

Poemas Escogidos

ISBN # 978-0-9792408-4-3

Primera Edición 2010

Para contactar a la autora:

Correo Electrónico: rina@angelicgoddesses.com
Paginas Web: http://www.angelicgoddesses.com

Créditos Artísticos:

Editado por ~ Sonia N. Ortega-Vélez
Diseño del libro; interno y la cubierta por ~ Rina A González

Índice

Provocativa y Serena

Dedicatoria

Este libro es dedicado a todas las almas que de una forma u otra tocaron la mía y nuestro encuentro fuera causa de despertar en mi el noble sentir de la inspiración.

Son mis deseos que en estas páginas encuentren el espíritu indomable, desafiante, amante, tierno y capaz que los escribió y que sus lindas lecciones le den paz, amor, confianza y sabiduría.

Afectuosamente,

La Autora

Introducción

Para mí no hay nada más conmovedor que un verso, ya que la musa brota de la misma alma provocada quizás, por un pensamiento, una ilusión, un amor o el deseo de dar al mundo una mejor nota de donde todos podamos sacar provecho y por ello podamos tener mejor vida.

Muchas personas me han indicado que la poesía moderna no tiene rima, razón por la cual me demoré más de lo deseado en dar mis versos a conocer. Más espero que mi forma de rimar sea aceptada por todos los amantes de la poesía. No sólo como un recuerdo grato de un ayer que nunca muere, si no como recuerdo grato de algo que aún vive en cada uno de nosotros.

Desde muy niña desee rimar y con el tiempo me fui dando cuenta que mi sentir brota de un manantial inagotable, puro y sincero; donde solo existe el impulso de un alma espontánea. Se que mis rimas vienen de lo profundo de mi ser y nunca he deseado cambiar lo que en mi es natural.

Hoy, me siento agradecida por lo mucho que mi don de composición ha durado y veo que si algo a cambiado en mis rimas a llegado con mi crecimiento, tanto en edad como espiritual. Mas mi sentir sigue dando de su noble e inagotable esencia con una claridad inconfundible.

Para ustedes, los llamados a leer mis poemas, sepan que en cada página está la noble causa del amor, y del entendimiento. Mi mayor deseo es que su alma sea tocada por uno de mis poemas y sea usted uno de los llamados a unirse a la causa de ser mas generoso, mas humano, mas gentil y mas amante de la paz.

Afectuosamente,

La Autora

Primera Parte

"Poesías Escogidas"

Inspiraciones Espirituales

En Orden Alfabético

A Carmen
Para Mi Gitana Bella

Gitana bella de hermoso talle
Tu gran presencia viene a mí ser
Y me regalas el lindo encuentro
De dar al mundo tú dulce haber.

Desde muy niña estas conmigo
Eres hechizo y fascinación
Envuelto en logros de lindo encaje
Que hoy doy al mundo con tu canción.

Eres del agua su suave ruido
Del arco iris su bello don
Que suave toca mi luz interna
Y da alegría a mi corazón.

Eres la nube que lejos flota
Y aún permanece en mi sentir.
Hoy soy cubierta en ricas mieles
Y así despierto a un nuevo vivir.

El color rojo es tu emblema
Y los claveles son tu visión
Y me pregunto si el perfume
Que hay en mi seno, es tu pasión.

Eres airosa y coqueta moza
Linda expresión de mujer sois.
Zalamera gitana altiva, guapa,
Hoy a ti entrego lo que sé, soy.

Con amor y gratitud

A Duras Penas

Porque seguir al limitado anhelo
En busca de algo que jamás existe.
Cuando yo sé que la perpetua calma
Viene del alma y de su gran conquista.

Porque los años en su lento avance
No proporcionan quietud a mi discordia.
Pues hoy en vez de paz tengo tinieblas
En esta mi alma y me da congoja.

Porque la ansiedad me atormenta
Como eco que persiste en ver desgracia.
Cuando yo sé que existe un nuevo amanecer
Donde los rayo de luz, son mi ganancia.

Porque doy de mis perlas a los cerdos
Como si la vida fuera un arrebató.
Abro la boca y comienzo a delirar
Sin darme cuenta que cometo un disparate.

Porque la mente embarga y me domina
Pensando cosas que lejos de mí están.
No reconozco al impostor que clama
Ni me dejo llevar por vanidad.

Porque las emociones van corriendo
Rompiendo todo lo que a su paso ve.
Luego al irse me quedan los pedazos
De estos mis sueños virados al revés.

Porque no puedo ser quien sé que soy,
Un alma que resplandece y es serena;
La cual permite que el amor brote de mí,
Como la miel que brota de la colmena.

Porque es tan difícil dejar ir
A estos insólitos traidores que hoy me queman.
Cuando la paz que busco por doquier
Está dentro de mí, a duras penas.

Porque mi alma deseando florecer
Es postergada al olvido como un eco.
Cuando en ella es que encuentro la verdad
Y me lleva de la mano a conocerla.

Es como si el preludio de mi vida
Se allá convertido en esqueleto
Y deseando tomar parte de mi vida
Me conformo en contemplarla - a duras penas.

Porque si la vida es digna de vivirse
Permito que se escape en un suspiro.
Sin darme cuenta de que al respirar
Entra en mí la vida que limito.

Porque mi alma deseando libertad
Es sometida al vaivén de mi letargo.
Pues yo sé que hay amor dentro de mí
Aún cuando mis acciones digan lo contrario.

Porque las horas se convierten días
Y tras la noche viene el amanezco,
Cuando mi mente no cambia ni un poquito
Y persiste en el dolor del gran tormento.

A duras penas guardo lo deseado.
A duras penas tengo fe en mí,
De amar la vida con delirio pleno
Y romper esta agonía, hoy, aquí.

A la Alegría de mi Musa

En hora buena llegas
Despertando mi vivir,
Pasas de nota en nota
Dando luz a mi sentir.

Reconozco tu llegada
Como triunfal encuentro entre mis brazos.
Hoy vuelves a dar tus lindos versos,
A esta, que sueña con el dulce ocaso.

Con inspiración entrelazada
De melancolía y su pasión,
Despiertas la ilusión de mis sueños
Abriendo el ocaso de mi amor.

En hora buena eres recibida
Pues tu alegría creía no tener.
Salto de júbilo y grito de alegría
Dando al mundo tu alegre proceder.

Y mi amigo el aire se lleva mi musa
Prendido en su seno como una canción.
Y el pájaro en su nido entona mi canto
Y va saludando a mi amigo el sol.

Que dicha sentirte tan cerca de mí.
Pronuncias delicias con cada palabra.
Como si las prosas fueran tu manjar
Y el verso tu escudo y tu bella espada.

Hoy solo me queda tu alegre plegaria,
Que como caricia brota en canción.
Ya eres la esencia que dio la mañana,
Y me das lo más puro que tiene tu amor.

Eres, de la madreselva tu inspiración.
Del vals de los cosmos, el gran paraíso.
De la melodía, eres tú la flor,
Y de esta mi musa, mi gran alegría.

Opuesta, recta, gallarda,
Amplia, serena, activa.
Digna colina de mis pasiones,
A ti hoy clamo alma divina.

Miel pura, suave; mi genio profundo.
Das tus lecciones y sanas mi vida.
Tus notas suaves son el complejo
De amor y de llanto; y su sortilegio.

Tu deseo es puro y lleno de calma
Eres tú la rosa que nace en abril,
Que abriendo sus pétalos muestra su esencia
Dando sus colores, y su gran sentir.

Mi deseo es simple, no tiene reveses.
Es suave y calido como mi canción.
Es puro, es sereno como la conquista
De amar y ser amado y siempre sonreír.

A La Caridad del Cobre

Se aproxima el día de tu fecha sacra
Donde recordamos a ti todo fiel
Y es por ser tu esencia y presencia grata
Hoy te pongo rima al amanecer.

Vestida de blanco alzando la frente
Dando tus limosnas y tu Caridad
Al mundo repartes tus dones al aire
Alentando al alma dando tu piedad.

A ti Virgen bella, morena, sagrada.
Tú fuiste mi amparo en mi juventud.
A ti hoy yo llamo la bella doncella
Por ser tu pureza y dar plenitud.

Con tu manto cubres a tu amante pueblo
Virgen de los buenos, amor y sentir.
Cubre con tu velo a tus hijos que sufren
Dadnos la esperanza de ser libres al fin.

Ilumina el nácar de mi encarnación
Para que sepan que ésta es tu esencia.
Tu perfume de nardos mezclado con ron
Que toca el guajiro cantándote un son.

Por amor al mundo sabrás tu vencer
Las cadenas que oprimen el néctar que fuimos.
Dadnos libertad para así volver
A la tierra santa que me vio nacer.

El manantial que emerge de mi linda cuna
Donde el ruiseñor entona su alegre plegaria
Es como el humeen que brota del alma
Llegando a los cielos cubierto de espuma.

Rina A González

Veo tu sonrisa y esa tu dulzura
Que alegre dispersas a mí alrededor,
Hoy te ruego a ti Señora del Cobre
Cubre con tu manto y dadnos tu amor.

Para comprender que el alma nos llama
Que llegó el momento de volver a ver
La tierra bonita bañada de aguas
Que en la distancia espera para yo volver.

Y así, todos saber
Que tú eres la Reina de mi 'Cuba Bella'.
Reina de los cielos y dueña de mi ser,
Dadnos hoy tu entrega al amanecer.

A La Luna

Junto a una fuente llena de luces
Frente a rosales, junto a un querer
Hoy se embalsama en ricas mieles
Mi amiga luna, mi amiga fiel.

En esa fuente hay un sonido
Cuando sus aguas cayendo van,
Y veo en ella el dulce hechizo
Y la silueta de su hermandad.

Silueta esbelta de claridad
Que al mundo otorga noche tras noche.
Es como el beso que ella nos da
Don de alegría; su bello broche.

Es como el eco que queda impreso
En los oídos, aún sin saber.
Es ver su imagen llena de luces
Y amar al mundo ya sin querer.

Es ver la noche extender su velo
Como el abrigo que rinde culto.
Es buscar aliento e inspiración
En lo oscuro que hay en el mundo.

Late perenne el amor ardiente
Del que así da de su sentir.
Y mi amiga luna es fiel testigo
De muchas noches de frenesí.

Y ese, mi eco, que queda impreso;
Mientras más late más fuerte es.
Nunca se apaga ni tiene frió.
Y allá, junto a la aurora, da su querer.

Rina A González

Muchos elogios y escrituras
Dicen lo mismo que yo hoy aquí.
Más solo quise poner un marco,
A ti mi amiga y a tu claridad.

A la Perla de la Antilla

Como los buques de vela
Que van tomando las olas
Y parecen que navegan al aire,
Hoy me dispongo a entonar
Mi melodía a esas velas, a ese aire;
Que llevan este mi buque
Al puerto de mi bella tierra, de mi madre.

Encantadores son tus paisajes
Tu lindo emblema que nunca ocultas.
Tus aguas cuando más fuertes
Parecen ser arco iris
Que permiten ver tu fondo
Y pasan al otro mundo.

Arrecifes de marfil
Esas son tus lindas costas
Tus arenas más radiantes
No he visto ni podré ver,
Pues parecen como el nácar
Que llena tu playa hermosa
Y deja ver el ocaso; y aún
No pierdes tú el matiz,
Que Madre Natura diera
A la más bella que vi.

El aire que aquí respiro
En este hermoso santuario
Es como sano cimiento
Que levanta y fortifica.
Y me siento nueva, libre
De haber podido traspasar
Y poner mi pensamiento
En la que me dio el soñar.

Rina A González

Hoy, al no estar en ti presente
Y saber que el deber llama
Me inclino ante la tierra de nácar
Que me dio mi encarnación.
Y aunque quizás no vuelva a verte
No por ello pierdo prisa
De pensar como Cubana
Y creer que soy Mambisa.

No vengo aquí a exponer
Lo mucho que tu pueblo sufre
Pues de lo ya resignado
Se ha sacado mucho fruto.
Hoy solo quiero exponer
Mi lealtad a ti, la presa
Pues caíste en las redes
De quien ni miento, ni pienso.

Tan solo son alfileres
Que llevamos como espinas,
Clavados en las costillas
Todo aquel que a ti recuerde.

Mas mi bella tierra madre
Que supiste persistir
Y el clarín cambió a fusil,
No pierdas tus tradiciones.
Tu belleza como esencia
Es ser llave del gran paso
Que une nuestros dos lazos,
Nuestras mentes, nuestros brazos.

Y quien quita… que mañana
Cuando nadie ya lo espere,
El fusil cambie a clarín
Y te suelten ya las redes,
Que oprimida te tendrán;
Pero nunca muerta eres.

A La Reina de la Espuma
Soneto a Cuba

Cojo la pluma en la mano y dejo que ésta cante
La canción del escribano al dolor de ver sufrir,
A la reina de la espuma sin yo poderla asistir.

Deja que la musa emerja del hondo sentir humano
Para dar así el deseo
De recordar lo olvidado.

Deja que el papel se impregne del sentir de los pinares
Al eco de las montañas cuando el sol la mira fija
Allá por sus lindos valles.

Y así, como en otros días yo cantaré mi naufragio
Clamor de mis sinsabores,
El dolor de los cubanos.

Veo a tus hijos ausentes como sufren el ocaso
De ver las horas pasar y el horizonte se opone
A parar tu esclavitud y sigo viviendo en vano.

Isla bañada de espuma, concha de nácar que emerge
Por más que sangre te saquen
Tú siempre alzas la frente.

Considero ser lacayo y a la vez orgullo siento
De tener el escapulario
De mi patria vehemente.

Embajadora, diputada, colono si lo prefieren
Yo soy cubana emigrante
Y me muestro ser valiente.

Pues la bandera y escudo de mi patria vehemente
Son mi sello y mi plegaria
De mi patria, aunque ausente.

Alcemos alto la frente los del orgullo invencible
Y al pisar tierra extrajera
Demos lección de civismo.

Marquemos altos los precios de valores al mostrar
Que primero esta la patria
Que es ella 'nuestro ideal'.

Y si devuelta en pedazos
De sangre fuera impregnada
Sabremos resucitar a la madre encadenada.

¿O Liborio, dónde fuiste qué pasó a tu tradición,
De dar hombres de batalla
Y de tener condición?

Mas como no soy guerrera por eso tomo la pluma
Y mi canción vine a dar
A la Reina de la Espuma.

Esperando que mis bríos escuche algún cubano.
Y esta canción que entono sea motivo de cambio,
Para llegar a tus costas y contemplar tus pinares
Y bañarme en tu espuma; sacudiendo al inhumano.

Al esqueleto de mi ira

Mi ira tenía esqueleto,
Su entierro fue ayer.
Las tierras hoy ya lo cubren;
Sus acciones, su desdén.

Las creaciones nacen
Cuando obramos sin saber
Sin dar el mayor reparo
Ni reconocer que la ira
Es parte de nuestro haber.

Por ignorar lo que guardo
Tenía ira sin saber
Y al comprender lo que pasó
Fui en busca de la solución.

Todos hablan de la ira
Pero pocos saben cómo es
Ni el color, ni los sabores
Ni cómo quitarle el poder.

Un buen día,
Me senté a conversar con mi ira
Y le conté el deseo
De tener paz por doquier.

La ira me contestó;
Que era fácil terminar
Pues en su semilla estaba
La energía que me lleva a caducar.

Al entender sus palabras
Comprendí mi gran tarea
Amar todo por igual y no dejarme llevar
Por nada que amor no tenga.

Rina A González

Pude apreciar a la vida
A la luz de la amapola
Y enseguida comprendí
Que la cura esta en la cuna.

Todo lo que tuve que hacer
Fue comprender que soy un alma
La cual resplandece en mí;
Y donde no existe más que calma.

A lo hermoso del amor

Para poder despertar
Los corazones que duermen,
Hoy pongo mi inspiración
A lo hermoso del amor.

Quisiera poder pintar
Y que en mis colores se vean
Las aguas, los montes,
El horizonte y el cielo.

Las aguas de la mar bella
Denotan su poderío
Cuando el viento juega en ella
Y las hace renacer.

Es el mar la gran conquista
La dulzura de mi vida
Que feliz viene hoy a dar
De sí, su grata caricia.

Veo el horizonte más bello,
Más radiante que el de ayer,
Tornarse multicolor y confundir el esquema
De esta mi inspiración sin saber que es mi condena.

El atardecer refleja
El amor que Dios nos da
Pues sus colores embriagan
A este mi alegre soñar.

En el cielo podrán ver
El sol cuando se despide
Saludando a la Luna
Que feliz llena su ser.

Y ella le otorga a su vez
El secreto de saber,
Que ella da todo a cambio
Por un bello amanecer.

Veo el lienzo tomar forma.
Ya mi lienzo tiene brío;
Las nubes blancas adornan
Y tapan al que tiene frió.

A Mi Musa

A la pluma y al papel
Que sostienen mi delirio,
Con resistencia imperdible
De esencia de amor y quejas;

Hoy quiero darles las gracias
A ustedes queridos fieles,
Pues nunca han dado señas de agobio
Al expresar mi amor, mi melodía y mis penas.

A las plantas de los pies
Que me llevan donde voy;
Y aunque hay veces que no quieren
Nunca me han dicho que 'no'.

A mi sentir persistente.
A una gota de brío,
Que me deja dar al mundo
Lo que veo, lo que ansió.

Ese sentir que yo veo
Me dio el aliento a seguir.
Han impregnado las páginas
Con la esencia del vivir.

Pues en toda circunstancia
He podido ver a Dios
Y permanecer serena
En mi Fe y redención.

Con una sonrisa dulce
Doy las gracias por mi don.
A el dolor de humillación,
Sin rencor doy el perdón.

Rina A González

A lo dulce de la brisa
Que fortifica mi alma,
A lo bello de la noche
Que me deja ver el alba.

A la semilla que siembro
Viéndola crecer feliz;
Dando colores y aroma
Invadiendo mí sentir.

Doy las gracias a las fuerzas
Del cosmos y del universo,
Que me bañan con su luz
Despertando al firmamento.

Ellos dieron de su esencia
Y yo las puse en papel.
Mi delirio ha comenzado;
Ya los veo florecer.

Al creciente de las aguas
Hoy les doy de mi esplendor.
Al oriente y sus costumbres
Mi nobleza y plenitud.

Y esta esencia que brota
Tocando lo más profundo,
Deseo darle mil gracias
Por ser mí amigo fecundo.

Con elogio inconfundible
Les dedico hoy aquí,
Estos humildes versos
Que en estrofas convertí.

Y a ti, mi bella fragancia
Te quiero dar mi sentir,
Sabiendo que tengo tu sello,
Prendido aquí, como rubí.

Aerolitos Preciosos

Entre las visiones que a diario tengo
Veo aerolitos jugando en todo arrebol.
Y junto con ellos juega la coqueta brisa
Alzando los brazos y me brinda amor.

Siento en mi pecho, el deseo loco
De amar con ternura; y así despertar,
Del cruel hechizo que me diera el alba
Cuando a mi rostro puso un viejo antifaz.

Hoy en mí nace un nuevo convenio.
Al abrir los ojos veo el porvenir.
Y veo que vienen luces desde el cielo
Que adornan mí pelo, mi rostro y mí tul.

Dando su convenio está la hermosa Luna.
Siempre me acompaña; es mi amiga fiel.
Hoy pone a mi vera sus rayos candentes
Para que mi estrella me dé hoy su luz.

Y así, me transporto a otros lugares
Dejando que el alma se convierta en flor,
Donde nada importa ni nada importuna
Pues esta mi alma, mi guía con su luz.

La pluma tomo en esta mi mano
Dando así mi toque a lo que escribí.
Y veo como el verso se ha vuelto más suave
Dando a mí el deseo de querer vivir.

Y así, mi alma da paso al tratado
Que fuera gravado allá en mi niñez.
Y llena de luces me otorga la dicha
De ver aerolitos volando junto a mí.

Esta plenitud que en mí hoy florece
Es suave, es dulce; es la vida en flor.
Y este aerolito que llevo prendido,
Es de mí la esencia que grabaras tú.

Aerolitos preciosos; luz de mis pasiones.
Entras en mi seno dando sed de amar.
Y así, engalanas esta mi figura
Dando de tu emblema a mi gran soñar.

Al Pilar de Mis Amores

A los pilares del viento que perpetuo me acompañan,
Hoy levanto yo mi frente dando mi alegre plegaria.
Al arcón de mi embelezo al querer sacar llanura
De este mi gran pensamiento al dar al mundo figura.

A la cima de mi valle donde nace el alelí,
Donde el rió viene a dar de este su hermoso verso.
A lo verde de mi valle en este bonito esquema
Doy al mundo de mis sueños y con eso soy feliz.

Al frenesí que así corre por todo mí ser latente
Cuando el aire va jugando con mi linda inspiración.
Y va dando firmamento para alcanzar lo deseado.
Les doy hoy mis pensamientos a todo ser humano.

¡Al pilar de mis amores, hoy le doy de mí sentir!

Alegría

Alegría, consuelo de mi vida
Como duende mágico me tocas.
Traes contigo la rama del olivo
Que perfumas mi alma, y me provocas.

Incitas a este corazón en luto
A abrir nuevas puertas a mi vera.
Ayer creía que moría en vida
Y hoy tus pasiones dan luz a mi colmena.

Hechizo fugaz del medio día,
Eres como el sol que así penetra
A esta planta que sin agua se moría.
Eres del manantial, su dicha plena.

Mi desierto se convierte en un oasis,
Como roca transformada en manantial.
Le das a mi mente sutileza
Aclamando bellezas; nada más.

Como lirios que a mis pies hoy vienen
Dando toques de armonía y plenitud,
Estás tú, alegría entre mis brazos;
Enlazada entre mi alma con tu tul.

Añoranza de mi alma que deseaba
Poder dar al mundo su pasión.
Has llegado alegría a mi vida
Abrazando al mundo con tu luz.

Como clarín hoy me despiertas
Y al oír tus notas deseo escribir,
Este elogio a mi amiga sincera.
Alegría, dulce amiga, ven a mí.

Provocativa y Serena

Como raudo sentimiento henchido
De esta alegría que expone su sentir,
Guardada tengo las hojas del encanto
Que el viento me trajo hoy a mi vivir.

Y la paloma con sus alas blancas
Despliega su silueta ante el altar.
Con jazmines prendidos de su pico
Dando solides a mí soñar.

Tu presencia inconfundible trae
El aroma que activa mi pasión.
Das tú a las guirnaldas el elogio
Y yo te agradezco la intención.

Pues sé que lo que siento hoy
Es sólo el comienzo de lo que se asoma.
Alegría, te estoy agradecida
Por haber dado tú a mí de tu sentir.

Así Es Mi Alma

Como por hechizo de esta mi vida
Inesperadamente te encontré en mí.
Eres como la brisa que calida y suave
Trae en sí el mensaje que cumples en mí.

Como por milagro se engalana el humeen
Dando a mí el cáliz del sutil amor,
Que me da su calma y la gran victoria.
Esta es mi causa; noble corazón.

Cuando el manto azul cayó a los suelos
Vi el tiempo pasar como nido en flor.
Y así comprendí en un solo instante
Que la vida es grata y llena de amor.

Al pasar los días vi todo distinto.
Lo que fue difícil hoy es fácil al fin.
Pues si miro veo que nada ya existe
Del ayer inmundo que me trajo a ti.

Mañana es ausente de su propia causa.
Es inexistente de toda expresión.
Como predecir lo que no se sabe
Si hoy tengo a mi vera mi vida ya en flor.

Hoy veo al fin cual es mi regalo.
Este fue el convenio de mi encarnación.
Para ser armoniosa la vida ha trazado
El que yo comprenda que feliz ya soy.

Y esta mi alma se llena de encantos
Que brotan del agua de mi frenesí.
Y siempre presente, ella está en mi vida,
Dando a mí el permiso, para ser feliz.

Provocativa y Serena

Y en el bello ocaso que me diera el día
Tengo el toque bello de la inspiración.
Donde de las flores saco el nuevo sueño
Y de la tierna brisa saco una canción.

Así llegaste a esta mi vida,
Dando tú los toque de imaginación.
Ya veo tus nardos en esta mi frente,
Dando de su aroma, como tierna flor.

Llegaste a donde tú solo puedes,
Le distes aliento a mi buen vivir.
Hoy veo tu sello en toda mi vida;
Y te doy las gracias por mi gran sentir.

Mi deseo es dar de lo que se poseo
A todo el que venga buscando tu albor.
Y ver como tú despliegas tu emblema
Y armoniosamente, entrego tu luz.

Atardecer

He visto un atardecer ser radiante
Allá en lo lejos,
Y confundir los colores
De azul celeste, y fuego.

Inspiraciones del alma.
Recuerdo de algo muy sutil.
Fragancia que me embeleza.
Lo dulce que es vivir.

Mi alma vaga y se detiene en algo nuevo
Que radiante espera mi llegada.
El Sol, que emprende su clímax.
La Luna, que no se apaga.

El horizonte no teme el cambio
Pues el comprende su esplendor,
Y nunca falta a la gran cita,
De dos amantes, dándose amor.

A través del tiempo

Hoy se escapan de estas mis manos
La gaviota en vuelo que soñé tener.
Y con manos atadas yo solo me río
Al ver como el tiempo no me dejo ver.

Hoy veo que el tiempo, mi mal consejero,
Paso tan de prisa sin yo ni saber,
Que mientras pasaba se iba mi vida,
Con cada suspiro, can cada va y ven.

De todas las cosas; deseos del alma,
Que yo en silencio deseaba tener,
Era el cariño y amistad ferviente
Que veo no tengo ni podré tener.

Si fue mi destino el que así sucediese,
O por no saber labré mi ataúd,
Ya eso no importa pues al fin y al cabo
Esta es mi vida y esta es mi cruz.

Lo cierto del caso, es que solo tengo
Las cosas que no deseaba tener.
Más aquí comienza una nueva vida.
He de estar presente, como un nuevo día.

Como si el insomnio fuera mi conserje,
Las noches las paso pensando sin ver,
Que la noche pasa y los días vuelan,
Y mi mente trama angustia a mi haber.

Cuando llega el día veo que mi mente
Alberga el enojo que me vio nacer.
Y como refugio de limitaciones
Continúo atada sin querer volver.

Rina A González

Y esta mi mente que ayer creía
Que habría tiempo de poder volar,
Hoy solo me río al ver lo difícil
Que hice mi vida por solo vagar.

Los años pasaron y hoy puedo ver
Que los días se fueron para no volver.
Con cada segundo el reloj dictaba
Y yo estaba presa, vagando, en la nada.

Más si de algo sirve el contemplar
Es que se puede ver lo que edifiqué.
Y de no gustarme mi vida actual,
Tengo el privilegio de poder cambiar.

"Capricho"

Caprichosa ilusión que me domina.
Juegas con el amor como vela coqueta
Que impulsada por el viento,
Como que se apaga,
Y permanece encendida.

Hasta que al fin,
La aurora deja ver el alba
Donde la mañana vislumbra
Una nueva flora,

La cual crece triunfal a la vera
De un olvidado jardín en primavera.
El cual da recompensas con tesoros escondidos,
Y me otorga la dicha de una nueva vida...

Y sin caprichos.

Cese mi Agonía en un Segundo

Cese el dolor de mi agonía,
Humildemente a ti imploro.
Dame más que la tapia fría
Que ha de cubrir un día mis tesoros.

Hoy me postro ante ti al ver los hechos
Sé que escuchas mi amanten sed ferviente
Y aun esto no te es suficiente
Y continúas probando mi fe ardiente.

Los huesos quedan en este mi esqueleto.
Soplo diste a estos mis pulmones.
Pero mi alma siente la sed de conquistar tu paz
Y saciar mi agonía con decoro.

Que tienes en reserva para mí
Algo muy lindo tiene que venir con todo esto.
Solo recuerda que el infinito para ti
Es un segundo de mi mundo, y me conformo.

Me conformo al saber que el mañana
Traerá mejor conocimiento a mi ser
Al contemplar esta mi cosecha
Y verla por el mundo florecer.

Al apreciar la vida de otro modo
Cautivando los bienes que me diste.
Alma tengo, corazón esclavo
Y estos, mis pensamientos doy al mundo.

¿Pero por qué hoy no escuchas mi clamor?
¿Es que acaso las nubes obstruyen nuestro alcance?
Sé de otros días de disturbio donde tu voz llegó
Del otro mundo en el preciso momento que llamé.

Sé que me escuchas.
¿Acaso seré yo la que no oigo
Al pretender que sean tus manos las que rompan
Lo que yo edifiqué, y hoy me asombro?

Provocativa y Serena

Si ese infinito tuyo
Pudiera yo traspasar
Mostraría en un segundo
Las mil formas que hay de amar.

¿Quién peco, Adam o Eva?
¡Y a mí que más me da!
Si por ese, su pecado
Tengo hoy yo que pagar.

El pecado original fue amar, o confundir.
Yo confundo a diario cuál fue tu intención allí.
Pusiste a tus hijos fuera del paraíso
Y se permite el matarnos, todo por un capricho.

Si comprendo, comprendo que
Génesis el es comienzo Divino
Como comprendo Señor
Que Armagedón es tu juicio.

Tú eres la paloma triunfal
Que domina mi estandarte
Las tres personas que son
Mi fe, mi amar, mi causante.

Y hoy al pedir me escuches
Ya no me causa dolor,
Hoy te reclamo que extiendas
Tu mano a mi misión.

Y esos segundos, mi mundo
Al infinito se van
Prendidos de la corona
Que me dio la eternidad…

Cese el dolor de mi agonía.
Calma y alivia mi mal.
Que muero por la condena,
De dar al mundo, Tu Paz.

Como Infortunio que Trémulo Existe

En esta mi alma existe el delirio
De ver a este mundo abrazar las cuerdas
De mi tosca lira y purificar, esta melodía
Hasta que sus notas sean cristalinas.

Y así, contemplar desde el horizonte
El bello esplendor de la linda aurora
Que penetra el ser con sus suaves hondas
Y va despertando las almas que duermen.

Como infortunio que trémulo existe
En esta mi alma siento la hermandad
De asistir en algo por poco que sea
Cuando veo a un hermano en necesidad.

Tenderle mi mano con una caricia.
Hacerle saber que la caridad,
Viene del hondo sentir de lo mismo;
Ya que somos hijos de amor y piedad.

Ver que su rostro se ilumina
Al comprender que él también es
Heredero de la gran conquista
Y que ambos podemos saciar nuestra sed.

Es ver más allá de sus ropas sucias
Y el valor que tiene su alma capaz.
Pues quizás él sea el nuevo maestro
Que mi corazón espera como madrigal.

Como infortunio que trémulo existe
En esta mi alma veo al final
Que hoy resplandece mi alma y la tuya
La tuya y la mía por la eternidad.

¡Como!

Como las flores del valle
Quisiera poder estar
Libre de atropellos
Y libre para respirar.

Como las aves que vuelan
Dando de sí, nada más,
Quisiera poder posarme
Al descanso; y volar más.

Como los árboles secos
Que aún sin vida dan amparo
Quisiera poner reparo
A lo que hoy me domina.

Como las nubes encima
Flotando gentil, airosas,
Quisiera perder orgullo
Y ser menos vanidosa.

Como las aguas del río
Que desembocan al mar,
Quisiera que mis corrientes
Perduren, en el más allá.

Como la tierra fértil
Que da abono al fruto verde,
Quisiera dar de mi fruto
A todo el que se alimente.

Como el néctar de la uva
Grato, placentero, firme
Quisiera poder ampliar mi mundo;
Y luego irme.

Rina A González

Como los tiernos pétalos
Que dan aroma a mí soñar
Quisiera buscar mi aliento
En mi fe; y en mi amar.

Como el agua cristalina
Que corren por esta peña,
Quisiera que los dolores del mundo
Sean bañados con mis temas.

Como el fondo del gran mar
Visualizó su esplendor.
Así quisiera observar
Al mundo buscando hoy su pasión

Como la noche serena;
Plácida su cobija,
Así quisiera volar
Y posarme en tu lumbral.

Y después de cabalgar
Y volar y detenerme
Ver como ya no me duele
Y perdonar al que me hirió.

Es más grato dar que recibir;
Esto es de sabio.
El orgulloso y vanidoso
Muere por su condena.

Agradezco al que hierre
Pues me hace realizar
Que soy humana, sincera
Y es grato el perdonar.

Con Asombro Miro y Veo A Mi Alma

Haciendo un recuento de esta mi vida
Con asombro miro todo lo que fui.
Y mi pecho late con dulzura plena
Al saber que estabas tan cerca de mí.

Con asombro observo cada día que pasa
Al latir mi pecho con grato placer.
Ciento así tú aroma, tu néctar de flores,
Tú grata presencia que está en mi sentir.

Y así, en el silencio de la intimidad
Tú y yo encontramos la causa que adoro.
Con cuido preparo tu sitio especial.
Con humeen del néctar; el gran ideal.

Con asombro miro todo lo que fui
Y así reconozco que soy la misma esencia,
Que me diera el ser desde la niñez;
Que de día y noche fuera mi existencia.

Te cría tan lejos, duro de alcanzar.
Tratar ni podría, querer, ni lograr.
Pero ahora sé que vives aquí;
Muy cerca, en silencio, muy dentro de mí.

Esperaste por mí; yo busqué tu aliento.
Tu dulce consejo hoy ha de empezar
Esta nueva era de mi inspiración,
Para dar al mundo tu noble canción.

Al tornar mis ojos te veo hoy aquí
Das los buenos días a mi corazón.
Vistes toga blanca y una linda flor
Adorna tus manos dando de tu amor.

Las notas que brotan de mi alma son quedas.
Suaves y calidas, como la canción,
Que nos canta el sol cuando acaricia
El alba al desnudo, como nueva flor.

Dos amantes que buscan la intimidad
Mantienen silencio para no perder
El néctar que brota del hondo sentir
Cuando libre entregan de su frenesí.

Las páginas escritas de versos y prosas,
De amores, pasiones, de ideas, de cosas,
Hoy veo que brotan del mismo sentir
Que me diera deseos de amar y servir.

Esta inspiración que de mi alma brota
Altera y germina todo lo que soy.
Y veo que me otorga la dicha infinita
De ser como la gaviota, libre en mi sentir.

Y al comprender que mi alma y yo
Vamos de la mano cosechando helechos,
Dando inspiraciones que brotan del pecho
Pues nacen del hondo sentir del jazmín.

Nada nos separa. ¡Cómo! Ni tratar.
¿Cómo separar la una de la otra?
Sería imposible pues donde encontrar
La dulce esencia que vive en mí y es Universal.

Ella es dulzura como es de perpetua.
Ella no pide nada que no pueda dar.
Es mi consejera y mi amiga fiel.
Ella es mi risa y mi claridad.

Provocativa y Serena

Ella es la brisa que toca mi frente,
Ella es mi fe en momentos duros,
Cuando en mi camino vinieron a dar
Las velas del buque de mi despertar.

Su luz alumbra todos mis sentidos.
Ella no presume, ni tiene porqué.
Al ser inmortal, es como la espuma
Del profundo amor; amor del más puro.

¿Cómo ver al alma con ojos de humano
Cuando es la esencia de amor que nos da
La flora del ser en el mediodía
Dando al pecho calma, luz y libertad?

Como fuente brota y me da sus aguas
Lo que fue semilla, hoy se torna en flor.
Y me da la dicha de saber que la Luna
Esta enamorada de mi amigo Sol.

Hoy veo que sus pasos se han convertido
En estrella radiante que alumbra mi ser.
Es planeta que danza a través del cosmos
Dando de su néctar, cantando su son.

Con asombro miro y veo mi alma,
Con asombro veo todo lo que fui.
Pues sé que de ahí vengo y hacia ella vuelvo.
Ella es el firmamento impregnado en mí.

Con asombro miro y veo a mi alma
Alzando sus brazos tendiendo su tul,
Sobre mis cabellos que hoy se engalana,
Con ansias de tenerla, más cerca aún.

! Con asombro miro y veo mi luz!

Confusión Mental

Vemos cosas que no entendemos
Y aún pretendemos poder lograr,
Dar al mundo lo que no sabemos
Sin saber a dónde; sin tener un plan.

Confusión mental que lleva en sí el sello
De labra el surco que nos lleve al fin.
Esto no es un sueño, pero es cadena.
Eslabón perdido; peor que morir.

¡Confusión mental! Relatos de ayer,
Cuando firmemente quisimos vencer.
Quizás el tiempo no fue generoso
Al no permitir tener mejor logros.

Confusión mental, desierta, llana, ardua.
Estéril; campo tosco que desee labrar.
Y si busco dentro, allí encontraría
Que existe una mente que no tiene fin.

La confusión de ayer, hoy se desvanece
Y en su lugar veo luces salir
Que le dan paz a esta mi mente
Y ponen un paro a mi día gris.

Cúmplase Tu Voluntad y No La Mía

Que lindo fuese volver a pasear
Por esos rincones de donde nací
Ver a los niños darse al juego
Mientras van creciendo y así son felices.

Ver a los ancianos recordar su andar
Por los callejones de mi juventud.
Y ver que el sueño de ese lugar,
Les da el sortilegio, y pueden amar.

Qué lindo sería caminar así
Por esas mis calles de donde nací;
Y ver los jardines que me dieron flor
Dar de sus colores a mi corazón.

Qué lindo sería que nada cambiase,
Que el mundo parase su duro vaivén.
Pero en el progreso que trae el futuro
El mundo ha cambiado y yo junto a él.

Más, aún recuerdo esos paisajes,
Latentes presentes en mí soñar.
Y cuando más late mi frente se anega
Y a duras penas puedo recordar.

Cúmplase Tu voluntad y no la mía
Pues comprendo y veo tus señales.
He aprendido a mis años la fortuna
De Tu noble destreza y de tus caudales.

He visto caer mil estrellas,
He forjado en ellas mis ensueños.
Al final sé que hay solo una
De donde puedo extraer mil sueños.

Me colmaste de grandes riquezas.
Orgullosa anduve por el mundo.
Y al final veo al infinito
Prendido de mi alma como un verso.

Qué lindo fuese poderte cantar
Esta melodía que vive en mí ser.
Volver a ser niña, como lo fui ayer
Y saber que tu imagen siempre vive aquí.

De Donde Yo Soy

Apacigua tu mente y alma
Y ven conmigo a donde yo soy.
Deja que mi luz te embriague, dando a ti calma
Cuando llega el alba, al amanecer.

Ven conmigo a esta montaña
Donde el río es causa de mi frenesí.
Y donde la Luna juega con mi pelo
Dando aliento al verso y a mi amor por ti.

Donde el infinito podrás contemplar
Junto a la alborada de tus lindos sueños.
Donde tu alma podrán encontrar
Cuan dulce reflejo de amor y lealtad.

Donde tus cimientos, cual raíz segura
Guían hoy tus pasos a la realidad.
Donde podrás ver los dones que tiene,
Tu alma y la mía por eternidad.

En mi santuario hay armonía y una luz abrasadora.
Es su discurso tan locuaz, que lo vez como persona.
Mis palabras son las tuyas y nacen del gran amor
De dar todo por la nada; y una caricia del Sol.

Mis notas son apacibles y brotan de un gran querer.
Mi musa, es mi santuario y hasta es mi amigo fiel.
So soy de donde nace lo nuestro de una linda amistad,
El amor de la mañana y la luz del madrigal.

Destino

El destino no es impuesto
Tú eres su director.
De él puedes sacar mieles
O un pedazo de carbón.

A través de nuestras vidas
Pensamos en tradición
Sin percatar que eso mismo
Trae en sí la confusión.

Queremos que la vida sea distinta
Sin cambiar en nada nuestro afán.
No buscando lo único que existe
Y se va muriendo el momento de volar.

Las tradiciones de los abuelos
Ya son arcaicas y saben mal.
Busca de lo que tú estás hecha,
Sigue el ritmo de tu alma y triunfarás.

Usa sólo lo que te de armonía
En esta tu vida, aquí en este lugar.
No te preocupes si alguien no entiende
Pues ha de llegar el que entenderá.

Si tu destino es lo que buscas
Tienes que ir en busca de él.
El manantial que se te ha dado
Es tu tesoro. Báñate en él.

No temas el que dirán.
La gente habla ya sin saber,
Ni te preocupes por caer bien
Ya todo llega. Se tú la fe.

Provocativa y Serena

Ve en busca de lo tuyo
Tu destino espera fiel
Solo tú puedes cumplir tu anhelo
Y a tu llegada, sabrás que hacer.

Mañana cuando amanezca
Verás tu estrella brillar,
Allá en la bella colina
La cual te hará inmortal.

Y cuando subas a ella
Verás el aura triunfal
Como espejo engalanar
Las palabras de tu amar.

Mira a la vida con gusto
Tu destino encontrarás.
Y verás que los abuelos
A pesar del mucho hablar,

Gustosos se sentirán
Pues pudiste traspasar
Los límites del ayer;
La tristeza y el pesar.

Diadema Para María

Acuéstate y descansa dije al cuerpo;
Pero mis ojos no querían la vigilia.
Era tanta la emoción y la alegría
Que pasaron los días, se volvieron en noches.

Y aunque la lógica sabía que debía,
Mis ojos no deseaban sucumbir y perder el encuentro de así ver,
tus ojos buscando la caricia
De mi cuerpo quedo, de mi alma henchida.

Después de lo largo del camino
Hoy llegas a mí dando dulzura,
Mostrándome la paz y la llanura
Que hay en tu tierna y grata sonrisa.

Tus manos destilan ya las luces
Enmarcando con estas mí silueta.
El alba vas marcado el nuevo rumbo
Que has trazado tú y das al mundo.

Hoy felizmente me ofreces
Ponerle rima a tu sello.
¡O Madre Amada,
Tú eres, entre todas, la más bella!

En hora buena eres bienvenida.
Tú que triunfal al mundo das tu emblema.
Es tu diadema de azucenas,
Sin duda, tú gran conquista.

Eres como el beso que damos
Al hijo a la despedida;
Sabemos que volveremos a verle,
Mas el corazón prolonga su partida.

Provocativa y Serena

María; que amable nombre te fue otorgado;
Desde los cielos fue el previsto.
Pues junto a Él es conocido
En las naciones; por todo el mundo.

Todos nombramos tu lindo nombre
Añorando sentir tu amor
Que como ángel se queda impreso
En nuestras mentes y corazón.

Y este, mi ser hoy te descubre
Amante ser, aquí presente,
En esta mi alma que feliz se siente
Al tener tu luz y tu dulzura.

Miro en tus ojos y veo luz radiante
Que penetra mi cuerpo por doquier.
Tratar de escapar fuera imposible
Pues estas Madre, prendida de mi ser.

¡Amada Madre eres tu mi aliento!
Madre de Amor, ayuda al que suplica.
Dadle tú el poder para vencer,
El desorden que lo lleva a la penumbra.

Tu esencia inconfundible es hasta el día de hoy
Puro pacto de amor e inconfundible grandeza.
Supiste así aceptar el papel que te fue dado
Y con tu pureza cubres todas nuestras cabezas,

Sé cómo eres, pues te he visto
En mis noches y en mis días.
Eres causa de alegría
En todo lo que concibo.

Sin ti, no soy tan siquiera un pelo
De lo que deseo hacer.
Eres tú, de mi inspiración,
La nota que adentro vive.

Las gracias te quiero dar
Por estar tú en mi vida.
Y por ser el compás
Que me lleva hasta la altura.

Eres la tinta dorada de donde nace la flor,
Eres la cura del ser; de donde nace el perdón.
Eres Madre la más bella que una rosa pueda ser.
Eres mi consuelo vivo. ¡Eres la luz de mí ser!

Divina Esencia

Quietud al alma pude darle
Cuando al templo vivo pude ver
Contemplando su amor y tierno manto
Junto a los colores de la luz que hay en mi ser.

Vi como bailaban la danza de la dicha
Poniendo flores a cada paso mío.
Llegó hasta mí con su calida sonrisa
Borrando anhelos pasados de porfía.

Forjando nuevas esperanzas con su toque
Aliento da su diáfano sentir.
Calma mi mente y emociones necias
Poniendo notas calidas en este mí vivir.

Al pasar me dio un fuerte abrazo
Y pude ver su amor gravado en mí.
Nunca esta lejos su divina esencia
Pues junto a mi pecho la siento hoy latir.

Veo lo lindo que hay en todo esto.
Espíritu inmortal que fui y seré;
Puedo cantar al renacimiento
Y verme queda; placida a sus pies.

Dónde vas de prisa

¿Dónde vas de prisa? Ten calma, reposa.
¿No te das cuenta que
Mientras más corres, más se va tu esencia?
¿Dónde vas de prisa? Ten calma, reposa.

En la juventud no nos damos cuenta
Que la vida es solo un momento fugaz,
Donde el suspiro guarda en sí su esencia,
Más al no entenderlo, buscamos algo más.

La vida es eso que tenemos delante
En este momento es que vive en ti.
Y si no le pones atención se pierde,
Pues la vida no se para, ni espera por ti.

No hagas planes para otro día.
Vive hoy tu vida y serás feliz.
Pues si tu esperas que la vida se pare
Pasarás tu vida sin saber vivir.

Pero si de algo estoy hoy segura
Es que si reposas, ella viene a ti.
Trayendo consigo su serena calma;
Con brazos abiertos te otorga su magia
Para que tu pecho se sienta feliz.

El Faro

Del infinito vienen bajando
Los angelitos cantando en coro
Y van poniendo a mí paso
Dulce armonía al provenir.
Y cuando llegue adonde voy,
¡Dulce ha de ser mi gran sentir!

Sé que el pasado fue duro y frió
Como esqueleto es desafió;
Mas una voz interna ardía
Y predecía que no era mió.
Que otro faro era mi rumbo
Y que muy pronto lo encontraría.

A la distancia yo vi el faro.
Fui donde él y anclé en sus playas.
Y al poner pies en la arena del cielo fueron bajando
Voces de ángeles y miles de estrellas.

Miré a mis brazos
Y en ellos había un ramo de flores;
Todas de distintos colores, su aroma era divino.
Eran gratas y placenteras; y comprendí que eran amor.

Poco a poco me di cuenta que yo estaba en otro mundo
A donde había llegado por desear ser más fecunda.
Es como estar en la bruma y pasar a la claridad
Y ver que la luz da todo, pues es vida y manantial.

"Yo que creía que ser espiritual fuera un dilema,
Comprendí que mi cadena pesada
Pues le faltaba los eslabones del alma entera".

Caminamos por la arena, me mostró el porvenir.
Me decían muchas cosas que hoy no las puedo decir.
Comprendí que el cantar que yo oía entre las olas
Es el resplandor de mi alma cuando camino a solas.

Fui guiada a los récords que se guardan en los cielos
Donde vi mi nombre impreso en sus libros de marfil.
Y comprendí que se nace para dar lo que tenemos;
Lo cual explica el por qué siempre quise ser así.

Volvimos a la partida; ya estábamos en la arena
Donde el faro abrió los cielos para yo poder mirar
A los ángeles cantando su música dulce y tierna.
La cual hoy se los dedico a ellos y a su amistad.

"Del infinito vienen bajando
Los angelitos cantando en coro
Y van poniendo en mi paso
Dulce recuerdo de mi niñez;
Cuando hablaba con ese faro,
Cuando mi amor le dedique".

El perdón que doy

Ya pronto, muy pronto
Ya todo concluye.
Veo la nueva esfera
Su rostro asomar.

Y en ella deslumbra
El renacimiento
De este mi idilio.
Mi bello soñar.

El reloj ya marca
Todo infortunio
Mis horas de quejas
Con pena al andar.

Hoy siento
Su esencia marcando
El elogio a esta mi fuente
Que renace al alma y me deja amar.

Aquellos que dieron
Motivos de enojo
Doy las gracias hoy
Pues veo al final,

Que fueron ustedes
Los que me brindasen
Las fuerzas a mi alma
Para tomar vuelo y feliz estar.

Como un jardín ya en primavera
Esta hoy mi vida.
Llena de armonía
Y felicidad.

Rina A González

Ya no hay sequía
En estas mis venas
Y mi corazón renace al latir
Que he sido, y soy fiel a mí gran sentir.

Y este lamento que
Queda en mi mente
Es el gran deseo
De dar de mi amor,

A esos que ayer
Me dieron limosnas
Y en mi estéril huerto
Echaron carbón.

Ya pronto, muy pronto
La puerta esta abierta
Y todo comienza
A dar de su luz.

Ya veo que llega.
La siento latente.
Este es mi consulto;
El perdón que doy.

"Él, Un Eco"

Él, sólo Él pudo dar comienzo
A lo que hoy ya concluye.
Unas páginas que latentes vibran de pasión,
Y un grito de libertad que comienzo a oír su eco;

De dos almas que han querido unirse
Para moldear
Unos oídos que esperan
Algo bonito. ¡Quizás un eco!

Si es bonito lo que esperan
No vengan aquí a buscarlo
Vayan más adentro aún,
Y miren al alma del alma mía
Y verán su esplendor y su sentir como huellas
De recuerdos de algo dulce
Que Él hizo rima de ellas.

Las rimas de que les hablo
Son para ser escuchadas,
Oídas y comprendidas
Y solo podrá lógralo
El que tiene vestigio de pudor
Y lozana embriagues de caminar
Su sendero y saber que es Divino.

Mis versos,
Los que confunden.
Al que cree que percata
Y da pasiones baratas
O los que creen poder.
Más los puros,
Ellos, los podrán comprender.

Mis versos
Son las dos puertas;
Una grande y una chica.

La grande lo tiene todo.
La chica;
Para entrarla necesitas
La firmeza de dos almas
Y la pureza de una.

Mis versos, como les dije
No son un triste sendero
Ni una lámpara que apaga;
Son luz, Pasiones, Deseos.

Son rimas apasionadas
Y locas de dos almas
Que fundieron su delirio
Para verle florecer,
Y hoy le pongo rima
A "Él"
Por darme esos deseos.

El eco
Que hoy escuchan,
¿Cómo pudiera explicar?
¿Cómo poder dar las gracias
Al que supo dar firmeza
Y darme la sutileza
De poderles embriagar?

Sólo un alma con nobleza
Y razón para moldear
Y éxito para dar
Podrá compartir mis versos.
Y a Él,
El eco del alma mía,
Se los quiero dedicar.

El Universo

El universo fue creado
Por la inspiración de un beso,
Que brotara de un alma pura
Deseando soñar con versos.

Al llegar vio al infinito
Prendido del horizonte
Como si fueran pendientes
Colocados en la Luna.

Él, comenzó a comprender
El desarrollo del hombre.
Más, no podía entender
Lo denso que es el humano.

Mas continuó el buen ser
Tratando de dar mensajes.
Y por más que Él tratara
El humano no cambiaba…

Y así fue que comenzó
Su ayuno, y nuestra letargia.

A la luz dijo, has tu magia.
A la noche tempestad.
Al Sol le dio de sus dones
Y a nuestra alma, piedad.

A la Luna le dio ríos.
A las estrellas, legiones.
A los Ángeles, dio dos alas;
Y al ser humano, pasiones.

Mas sus sueños continuaban
Brotando como suspiros
Hasta que hizo planetas
Dándoles rumbo y destino.

Puso orden en el cosmos;
Del desorden saco mieses.
Mas el humano no ha entendido
Que las mieses no son hieles.

Y como siempre cogemos
La cosecha por sus hojas
No entendemos lo sencillo
Que es soñar y hacer las cosas.

En el Oasis de mis Pasiones

Cansado el cuerpo, lento los pasos,
Ojos ya tristes por mucho andar.
Tremor del alma entristecida
De ver lo justo ya fracasar.

El alma tenue, la idea muere,
Espíritu triste por no sé qué.
Y pide ayuda y se armoniza
Mi dulce idilio, mi fe, mi fin.

Como renglones de algo ya visto
Ya entendido a mi nivel,
Voy caminando a otro mundo
Donde mi idilio no tiene fin.

Eslabones firmes que ayer me ataran,
Mis carnes presas por el escorial,
Mi mente afanosa buscó el escaparse
Pedía el descanso de este mi amar.

En el oasis de mis pasiones
Cuando el ocaso viene a colmar
En dicha plena, esta mi alma
¡Al fin soy libre para soñar!

Encuentro

Encuentro de almas superiores
Ver su veredicto sobre el tema.
Trazar las consecuencias de los hechos
Dando esperanza y amor a mi embelezo.

Asumir de la lógica su risa
Dando su suave gira al sol.
Esperar que las aves no se asusten
De ver tanta luz y esplendor.

Clamar al niño en el pesebre.
Él fue para mí bien nacido,
Aceptar la luz que nos proyecta
Deseando reclamar el bien perdido.

Y al encontrar esas almas superiores,
Al pie del manantial, luces del cielo,
Ser superior a esta fugaz victoria
Y sumergir al ego entre sus redes.

Espera

Al cerrar el último capítulo de mi vida
Y dar paso a la fuente que me espera
Veo que hay velos que inarmoniosos quieren
Ponerle paro a mis sueños,

Sin saber,
Pues no comprenden
Que es Él
Quien me espera.

Las nubes a mi paso saludan airosas
Jugando coquetas con el Sol.
Y los árboles de este bello bosque
Son inconfundibles por su esplendor.

Los pájaros que contentos cantan y se posan
A descansar en las ramas del árbol,
No especulan si sus alas tienen vuelo;
Ellos saben que su instinto es seguro y no se alteran.

Las aguas que por las rocas pasan
Dejan al paso su eco latente allí.
Y al pasar las van moliendo.
Lo que un día era imposible, hoy espera.

Quizás las fuerzas de la naturaleza nos inspiren
Y dé aliento al continuar en nuestro afán,
En busca por la perfecta calma que seduce al viento
Y en su alma, lleva la conquista del que espera.

Esperando siempre lo bueno

Aquí hoy siento en este mi pecho
Una ternura que late en mí.
Y así derrama toda su dulzura
En esta mis sienes y en mi sentir.

Veo las cosas que ayer fueron tristes
Ser transformadas en pura miel.
Y se convierten en rica ofrenda
Broche que adorna mi adorado ser.

Miro en el fondo de mis pasiones
Y así examino quien fui y quien soy.
De nada tengo que arrepentirme
Alzo la frente y sé soy feliz.

Por el camino de esta mi vida
Ya mis pasiones di a conocer.
Guardo en mi pecho la gran conquista
De haber amado y he sido fiel.

Doy de lo mucho que siempre tengo
Doy de lo bueno que hay en mí.
Recuerdo siempre de ser la amiga,
Guardo el emblema de mi sentir.

Como la hoguera de mis pasiones
Late presente en mi visión
Deseo dar al mundo mi alegría,
Como una nota de redención.

Sé que mi herencia es el servicio
Que se da al mundo por un querer,
Cuando sin rumbo nos despedimos
Sin importarnos el rumbo a seguir.

Provocativa y Serena

Es como el nácar que esta en mi frente
Que así refleja lo que vendrá
Y determina que en el occidente
Está mi rumbo y mi libertad.

Este deseo que tengo dentro
De dar amar; de dar de mí;
Se acelera con cada instante.
Ya mi porvenir está hoy aquí.

Es como el néctar que va corriendo
Entre mis venas dando pasión.
Y así derrama mi dulce ofrenda
Las ricas mieles que hoy son flor.

Veo mi pecho como así late;
Como desprende todo dolor.
Y así trasmuta toda quimera
Y la gran luz, me da amor.

Es como el cuento de fantasías
Que de niña solía yo leer,
Llena de entusiasmo, llena de ternura;
Me di a las fantasías, me dio el querer.

Ya ha llegado el momento deseado.
Esos que en la infancia solía yo tener.
Siempre he esperado lo bueno en la vida
Pues siempre supe, que mis fantasías eran mi vergel.

Esta Es Mi Canción

La esencia del ser
No está en su envoltura,
Ni en cuán grande o pequeña
Sea su estatura.

Es la dulzura que su alma encierre
Y la razón
De amar fielmente
Feliz; el ser constante.

Es tener la constante fe
En Dios,
El cuál no se cansa
De bendecirnos.

Es la esperanza
En lo Divino
Que siempre
Nos tiende su manto de lino.

Es la claridad del ser
El embeleso de amar por amar.
Y después, al despertar
Dar la vida por volver a amar.

Es la canción que nos llama
Y da aliento a nuestro afán.
Es la razón de mi alma.
Es mi luz y manantial.

Es el clarín que hoy anuncia
Que mi vida ya cambió,
De una existencia absurda
A un día de plena luz.

Provocativa y Serena

Donde la flauta hoy toca
Y se convierte en clarín
Que alegre va entonando
Mi melodía hasta el fin.

Es la mañana que abraza
Mi idilio como pintura.
Es la noche entre sus brazos
Cuando acaricio su figura.

Es la verdad de mis venas.
Es mi herencia, es mi canción.
Es la pasión de mi amor.
Es el verbo; ¡es mi pluma!

Rina A González

Esta, mi mente

En la penumbra de esta mi mente
Ahogar hoy quiero esta ansiedad,
Al recordar cosas pasadas
Que mortifican mi vanidad.

No dar calor a los sucesos
Que desprendieron mi amor así
Y ver lo lindo de este mi día
Como comienza mi frenesí.

Ver los helechos trepar paredes
De esta mi mente con su pasión
Y al esperar, ver las penumbras
Que se convierten solo en razón.

Dando paso a la pradera
De esta mi alma al traspasar
Estas penumbras de mis pasiones
Que han perturbado mi sanidad.

Y comprender que así es la vida
El alba sale, es tradición.
Y a esta mi mente dar alivio,
Amor del tierno en toda ocasión.

Frenesí

Un alma joven y vieja que persiste y persevera.
Un alma joven y vieja dando de sí, a todo aquel
Que permanece en espera del fruto de su cochera
A través de una vida sonriendo al porvenir.

Un alma joven y vieja que viaja a todas partes,
Dando toques de placeres sin igual a todo aquel
Que conciba y se percate de que se asoma a su vera
La pureza de esa alma por doquier.

Buscando paz te ocultases.
Queriendo ocultar hablaste.
De una alborada que placidamente, coqueta, sutil,
Le da al mundo de hoy tu viejo sentir.

Un alma que soñó con horizontes nuevos
En una era donde hablar era de orates.
Y en tu hablar prevalecía la armonía de valores,
De sentimientos humanos, de las cosas por iguales.

Y que menos puedo yo que escribir este relato,
De un alma que supera sus visiones del ayer.
Hoy pones en marco de lujoso vestigio
A tu noble colega y amiga del sentir.

"Quiero cambiar al mundo" - me decías.
Que prevalezca lo bueno, lo soñado.
Que la música que entono no se muera
Y sus notas sepan apreciar mi hermano".

"Que los matices que toman estas flores
Permanezcan en nuestras ilusiones.
Y ver cambiar las estaciones
Pero no nuestras razones"

"Que los corazones que hoy dispuestos
A dar paso a nuestro afán
Se conviertan uno solo, hasta llegar al final.
Y después de conquistado sepan de el retoñar".

Un alma que sediento de dulzura vino a reposar aquí
Y al llegar, para mi asombro
Esa alma y yo somos iguales
Y padecemos del mismo frenesí.

Frenesí de dos almas
Que ni muertas podrán contener su poderío;

Pues sabrán salirse de la tapia fría
Y provocar acciones y placeres, a todo aquel
Que sediento espera, que la Luz los embriague todavía.

Garabatos

¡Despierta codorniz del monte
Vete adentro donde encontrarás
A esta mi hermosa plegaria
Pintando al mundo con mi hermandad.

Ven a mi valle, date prisa
Ven a mi valle de los ensueños
Y verás como de noche me convierto
En mariposa que da consejos.

Mira al verso como sale
de la musa y su porfía;
La que le da al alba néctar,
Y una mano a su amigo.

La cerca de la muralla
No he podido yo brincar.
No sé lo que hay adentro
No lo puedo imaginar.

Pues las murallas me tapan
Al sol, el cual tengo adentro.

Cuando veo esa Tu luz
Sé que estoy de Ti prendida.
Eres la imagen mi vive
En mi pecho, en mi vida.

Irradia Tu luz sobre mi frente
Antes que el invierno llegue.
Sé Tú quien me dé los sueños
Para convertirles en laureles.

Sé que radiante ha de ser mi regreso
A ese lugar de donde salí.
Y he de poner mi firma
En los aerolitos de tu frenesí.

Hoy los astros me halagan con temas
Al ver mi llegada al nuevo nivel.
Y a mi paso alegre me cuentan airosos,
Que garabatos fueron antes de luz ser.

Gotas de Roció

Como una gota serena en calma
De este roció que veo caer,
Hoy me domina la dicha grata
De ver el alba al amanecer.

Al ver sus rayos de luz radiante
Como despierta mi amado ser,
Y lo dormido ya se evapora
Y así se torna en amor al bien.

A la que eleva su mente y alma
No pudo herir ni ver caer.
Lo ingrato muere, lento sin sabia
Y se consume sin poder ser.

Y los helechos que verde quedan
Su suave aroma trae a mí ser
Anhelos gratos, amable ofrenda
Crepúsculo rojo a mi entender.

La Madre Nerva feliz hoy canta
Pues su roció trae su querer
Y esas ansias de amar que tengo,
Amar lo puro que hay en mi ser.

Como una gota serena y pura
De este roció que veo caer
Hoy doy comienzo a un nuevo día.
Un nuevo día me vio nacer.

He Soñado

He soñado con lo dulce de la mañana
He soñado con la luna y su esplendor
He soñado que el Sol acaricia mi cuerpo
Dándome aliento para ser mejor.

He soñado con una rosa,
He soñado con un jazmín.
He soñado con una violeta
Con sus pasiones y su sentir.

He soñado con una luz propia
Que me indica por dónde seguir.
He soñado con miles de cosas
Pero nunca pensé que morir,
Podría traer la cura a mi dulce frenesí.

He soñado que mis pensamientos
Tienen algo que provocan
Dando calma, luz que enfoca,
Poder mental y algo más,

Alcanzar la dicha loca
Que late fuerte en mis sienes,
De dar pan al que no tiene
Y amor al que me ama a mí.

He soñado que algún día
Ha de llegar mi alborada
He soñado que llegando
A mi puerta tocará.

He soñado que tocando
Sabrá despertar quimeras
Y nuevas fronteras
Así se abrirán…

Provocativa y Serena

Inspiraciones del alma;
Fluido que lento brota,
Como manantial de causas
Puesta sobre una roca.

Su alcance latente, impreso
Donde quiera que yo vaya
Pues sus verdades provocan
Cierto acercamiento al éter…

Sin sueños apasionados
De almas que bien se entiendan
No se hubiese hecho el viento.
No habría inspiración.

Ni mentes que alcancen su misterio
Y sean provocados a describir
Que en la acción está el germen
Y en amar, el porvenir.

El sueño es tan necesario
Como es reír o el pensar,
Pues de ambos aprendemos
Y deseamos mejorar…

Soñar no cuesta nada mi pobre corazón
Es solo el privilegio
De aquel que lo atesora
Con su imaginación.

Por eso sigo soñando, sigo queriendo
Y sigo haciendo poesías,
Que si el soñar es de locos
Yo estoy mejor todavía.

Heloise

Eres el ángel de la luz radiante
Que está en mi vida sin yo sentir.
Cuando respiro o cuando río
Estas prendida de mi vivir.

Yo no sabía y presumía
Hacerlo todo en mi arrebol.
Y hoy te veo en mis asuntos
Dando tu toque de plenitud.

Cuanta paciencia tú has tenido
O ángel bueno con mi pensar.
Tú persistes en dar tu aliento
Y hoy comprendo mi caminar.

Nunca estas lejos, siempre presente
Y hasta diría que veo en mí,
Rasgos airosos y cariñosos
Que reconozco que son de ti.

Sigue tocando mi vida entera,
Da de tu aroma a mi porvenir,
Pues hoy ya sé que tu amor me salva.
Era naufrago hasta que te vi.

La Caridad

Transporto mi mente al lugar que quiero
Le digo a mi alma que dé de su ardor.
Otorgo virtudes donde hay quebranto
Poniendo mi sello de iluminación.

Tomo de las flores su néctar precioso
Le pido al oro se vuelva cristal
Y si ese diamante que altera mis sienes
Fuera carbón, pintará un mural.

A sitios ya vastos por vicisitudes
Quebrantos, letargo de grueso pesar,
Me voy caminando alzando mis brazos
Pidiendo en silencio clemencia y piedad.

Al enfermo sano, su alma levanto
Al pobre doy pan y una amistad.
Y al niño que llora le tiendo mi manto.
Al anciano doy ansias para recordar

Mi nombre se menciona casi todo el tiempo,
De boca en boca, de hogar en hogar.
Y aunque mi vigilia quede hoy vacía
Mañana tu puerta volverá a tocar.

Lo que no comprendo de la raza humana
Por qué sus manos no extienden en pos.
Piden y reclaman milagros a los cielos;
Pero no recuerdan mirar derredor.

¡Extiendan y abrasasen a la luz que sois!

La Danza del Cosmos

Bailar el vals entre los planetas
Saciar la sed de amor en esta mi vida.
Dar dicha con mis toques de alegría
Al vaivén de mi nueva melodía.

Esto hoy propongo,
Sonriente al gran descubrimiento,
Del alma henchida ver brotar la paz y su dulzura
Como manantial que perenne late en armonía.

Y así, al danzar el vals del cosmos
Ser lo que soy, dar mi fe ardiente.
Ver lo que hay sin darme asombro
Ni poner tonos de discordia a lo vivido.

Siempre aprendiendo;
Alcanzar las metas ya propuestas.
Dar a la imaginación el potencial
Que emana del alma y que prospera.

Hoy brota en mí,
La esencia pura del amor que soy.
Como manantial queda en mi impreso
Esta mi vida y mi encarnación.

Al ver que soy fragancia,
La realidad se apodera de mi ser.
Veo cuando se esparce por mi piel
Y es devuelta al cosmos como miel.

Y así, recoge del cosmos su néctar de embriaguez
Que yo le enviara cual ofrenda
Como elogio de entusiasmo
Por este bello amanecer.

Provocativa y Serena

Y pensar que ayer éramos simplemente impresiones,
Creadas del manantial que surgen por un sentir.
Fuimos creados de la nada como lo fue este verso,
Aunque sus intenciones son fecundas como el carmín.

Mi deseo es que al comprender el amor que somos,
Nos sentimos agradecidos por el poder de observación,
Y que nuestros grandes rayos de luz se den al baile
Al compás de la creación de un nuevo Sol.

Rina A González

La Espada de la Verdad
A Palas Atenía

Inútilmente traté vencer las luces rojas del paraíso
Con su flor del hechizo que su perfume tentó a mi ser.
Y por ventura crece su aroma y dispersé gentil su don
Airosa es su llegada y da perfume a mi nuevo haber.

Y por motivos, ayer; quizás mi niñez, quizás un verso,
Caí rendida a los pies del arco iris y su dulce beso.
Los colores del arco iris ya se asoman y dejan ver
Que hoy despierto del sortilegio que la alborada me diera ayer.

La espada de la verdad es otorgada a los que aman,
Fue la que usara David en las batallas donde triunfara.
Es la misma que hoy penetra mi corazón y mis sienes,
Dando su aliento a mí ser y expone mi contento.

La verdad es cristalina y no se puede imponer,
Pues la verdad da beneficio a la pureza que des.
La verdad nunca cambia y permanece encendida;
Hoy y mañana es el filo de mi espada, de mi lino.

Si ocultas tu gran verdad esto solo te limita,
Esto al negar tu gran verdad nadie ve la realidad
Y al confundir la mente se creen en lo incierto.
Y este delirio furioso a muchos, los petrifica.

¡Mi verdad,
Mi gran espada,
Llévame tú
Al paraíso!

Cuando llegue el momento de abandonar ya mi cuerpo
Y regrese al paraíso de donde sé que salí
Pido a mi manantial que continué en su marcha
Dando mi alegre plegaria para allí ser yo feliz.

Provocativa y Serena

Quizás cuando allá te vea, sea yo una gaviota
Y prendida de mi pico llevaré una bella flor.
Y tú, sin darte cuenta me des de comer semillas,
De las notas que hoy siembro para que pueda volar.

Quizás sea yo una gota de roció
La cual se convertirá en vapor para subir.
Y cuando llegue el momento de celebrar nuestro encuentro
Los nardos y las azucenas vendrán a nuestro vivir.

Mi deseo para ti es que al fin tú ya despiertes
Y que veas que las almas como el Sol tienen matiz.
Y estas mis pasiones viejas vuelan ya al firmamento
Donde mi verdad y mi espada esperan el por venir.

La Espera de Hoy

Nada más que esperar.
A eso hoy dispongo
Mi cansado cuerpo,
A ver pasar los días.

En silencio
Con mis ruegos
Ver crecer las plantas
Que ayer fueron semillas.

Ver el fruto de mi cosecha
Derramar su poderío.
Encender una vela
Y ver su luz llegar a todo el mundo.

La espera de hoy
No es igual que la de ayer,
Pues antes
Nada sabía del hoy.

Más ya éste es
Reconocido por sus huellas
Que entono como dulce y sobrio humeen
Que a mis pies ha venido.

La espera es suave,
Lenta quizás, pero llega.
Y a su paso trae rosas, claveles y azucenas
Que denotan alegría.

Esmeraldas,
Rubíes prendidos
Como guirnaldas
De mi nueva romería.

Helechos, hechos, realidades.
Conjunto, elemento gravado que prospera
Y da un suave y sutil toque de totalidad
Viviente al que se acerca.

Más puede continuar
Expresándome si quieren
Y pocos podrán comprender
Cuánto he querido, amado, si así lo prefieren,

A una noble causa, a una luz pura que domina.
A una suave voz que adentro me decía;
"Que amorosas pasiones dan los hombres,
Pero solo 'La Luz Divina, da Armonía''.

Rina A González

La Flor Primaveral

¿Acaso sueño cuando estoy despierta
O es que despierta sueño que he soñado
Y entretengo mi raudo pensamiento
En encuentros románticos de engaño?

¿Acaso el aire baña mi figura
O es mi alma la que abate al viento?
Yo sólo sé que mi aliento es de allí
Y me transporto a mi mundo en un segundo.

Recuerdo el calor de la mañana
Cuando a la playa solía frecuentar.
Y la arena de la playa fue testigo
Que dio a mis sueños motivo para amar.

Más si de lógica se trate esta vida
Una nueva lógica les vengo a brindar.
No sólo de sueños es mi convenio
Ni de infortunios, ni de pesar.

Al contrario, yo diría que mis sueños
Son placidos y limpios como lo es el Sol,
Pues ambos brotan de mi alma
Como bello y suave pregón.

Mis versos y pensamientos
Acarician el vivir
De aquellos que deseen
Mejorar el mes de abril.

Quiero sembrar flores en la primavera
Recordando que la vida es como un beso.
La cual ha de despertarnos del gran sueño,
Y llevarnos, a luz del embelezo.

La Magia del Sol

La luz del día viene a saludarme
Cuando el sol sale al amanecer.
Y sus rayos derraman su bello mensaje
En esta mi alma con su gran querer.

El rinde tributos a todo el mundo
Dando de su esencia y su magnitud,
A todo el que vive en este planeta
El le da sus rayos llenos de su luz.

Desde un principio fue el Sol el que hiciera
Que la vida brote como manantial.
Y su linda magia hoy tiene raíces
En todas las almas como gran caudal.

Que puedo decir de este gran astro
Que sostiene todo lo que vida es.
El nos va guiando a buscar su hechizo,
Y al encontrarlo, nos muestra su fe.

Adornas mi frente con lindos rubíes
Los cuales hoy brotan de mi gran pensar.
Y tu lindo hechizo adorna las flores
Que hoy dan colores a mi frenesí.

Desde un principio fuiste consagro
Por Madre Natura en su comunión.
Y de las naciones eres el gran líder
Que alienta las almas y nos da hermandad.

¡Naturaleza!; que sabía tú eres.
Cuan grande es tu idilio y tu razonar.
No solo tenemos de ti tu refugio
Pues veo que tenemos tu gran ideal.

Rina A González

Creaste al mundo lleno de pasiones.
Ideas, elogios a lo inmortal
Que vive en tu seno, y también el mío.
¡Sol del Universo, tu magia es tu afán!

La Primavera de mis Pasiones

La primavera que alegre llega
Con sus aromas da a conocer
Que hoy mi siembra ya tiene frutos.
Ya mis pasiones se pueden ver.

Los tulipanes que alegren giran
Sus tiernos pétalos al despertar
Dan curso al día que ya se asoma
Dando de su aroma a mí sed de amar.

La hierva fresca de la pradera
Crece en el prado como en mi jardín.
Jardín de amores de ayer y por siempre.
Hoy doy al mundo de mi gran sentir.

Hoy, la Luna misma me da de su amor
Y llena la fuente con su linda luz.
Ya comienzo a oír del concierto su compás;
Son notas alegres, sus toques de paz.

Y esta mi musa que tiene pasiones
Se posa latente en este papel,
Y va dedicando al mundo canciones
Que entonan alegre; mi musa y papel.

Un nuevo horizonte vengo a brindarles,
Una nueva era de amor y de paz.
Donde la montaña no tiene quimera
Y todo pensamiento es amor al bien.

La primavera de mis pasiones
Ya dio su toque de solidez.
Hoy, engalana mi pura esencia,
Dulce excelencia de mi embriagues.

Rina A González

Lo Grato de mi Dulce Amar

Hoy veo en mí la dulce plegaria
Que denota alegría al así encontrar
La linda propuesta de ser generosa,
Amante de todo. ¡Mi causa es amar!

Veo aún recuerdos de melancolía
Por haber deseado en vano ayer.
Ya veo que todo lo que pasa conviene,
Pues hoy ya encausó mi razón de ser.

Y así, calmada lleno mi pecho de pasiones claras
Disponga a dar al pasado sepultura.
Siempre serena sabiendo como soy,
Reclamo lo mío, reclamo mi don.

Ya veo distantes esos tristes días
Donde el infortunio jugó su papel.
Se va sin conquista, sin saber que fuera
El gran imposible; hoy me río de él.

Pues he comprendido que nada es austero
Todo lo que pasa es para aprender,
Que la vida es bella, digna de vivirse.
De vivir gozosa junto al día fiel.

Somos esa esencia de amor concebido
Por un Universo que gustoso da,
De su gran convenio al que le descubre
Y ver cuán de hermoso es mi proceder.

Luz Interna

Una luz se enciende en mis adentros
E ilumina cada fibra que hay en mí.
Las células muertas hoy renacen.
Luz interna se apodera hoy de mí.

Pensamiento lozano en primavera
Cuál rosal que habré el potencial.
Hoy me das de tus pétalos la esencia
Y las llamas de tu amor como ideal.

Algo que se fue hoy ya regresa.
Ideal formado desde mi niñez.
Miro tus pétalos y al fin hoy ya comprendo
Porqué la lluvia acaricia mi embriaguez.

Nada más que a comprender me llevas.
Has tendido tu manto a mis pies.
Desafié tus ideas y ahora encuentro
Que tu luz me lleva a tu gran merced.

Luz interna, dame de tu aroma.
Dadle a mí alma de tu gran amor.
Deja que en tu sombra yo me tienda
Y entre tus helechos pueda renacer.

Yo sé que ya pronto ha de llegar el día
Donde por siempre estaré en comunión,
Junto a la luz de mi amiga Luna;
En compañía, de mi amigo Sol.

Rina A González

Mensaje Para Ti

Un mensaje vengo a darte
Para que tu alma alegres
No te preocupes por nada
Ya todo tiene tu esencia.

Duerme tranquila sabiendo
Que todo ya ha concluido.
Solo queda poner adorno
A lo que ya has vivido.

Cuando ese día llegue
Toca quedo el corazón,
Dando gracias al convenio
Que da al mundo tu pasión.

No temas por lo que digan
No te importe el que dirán
Todos tenemos ideas
Pero al final, escucharán.

Cuando la noche así caiga
Sobre lo que has de exponer
Recogerás las estrellas
De tu seno como miel.

Y ese sello que adorna
Tu silueta en la distancia,
Es el amor que derramas.
De tu alma salen llamas.

Deja que todos aporten.
No discutas nada tú.
Tú sabes que el mundo es mundo,
Y tú fuerza, es plenitud.

Provocativa y Serena

Camina por la alborada
Que derrama sentimientos.
Poniendo paz al lamento
Y da al corazón aliento.

Tú supiste comprender
Poniendo en papel tu encanto.
Descansa y deja que el tiempo
Apacigüe los quebrantos.

Sea quién sea o cuánto,
No importa lo que te cuenten.
Sé de tu fe el relicario
Y de pureza, la fuente.

No te afanes por las cosas
Que de importancia carecen.
Tienes un corazón hermoso,
Y tu mente así florece.

El amor que Dios te ha dado
Tú devuelves con tu fe
Sabiendo que el mundo es uno
Y los llevas a su fe.

Confía en este mensaje
Que hoy vengo a darte aquí.
Yo soy la que guardo tus sueños
Que hoy los entrego a ti.

¡*Mi Espíritu Inmortal!*

Hay en mí un sentimiento que con calma hoy germina.
Nace de lo más profundo que tengo dentro de mí.
El mundo hoy espera éstas, mis palabras quedas
Para saciar los lamentos de lo que albergas en ti.

En el fondo de tu alma nació un bello rubí
Con aroma de azucena y el precioso alelí.
Sus colores destellan luces candentes del alma,
Cuál hoguera que derrama su pasión y frenesí.

Y así, pasan los días y al convierte en noches
Van pasando cada instante sabiendo que no hay fin.
Pues el amor de tu alma es fuente que lento brota
Y hoy está aquí presente dando de su don, a ti.

Cuando niña yo soñaba con dar de mis lindos dones;
Impaciente pretendía que el tiempo fuera inmortal.
Mas con el los años entendí que es mejor esperar
A que la fruta se caiga del árbol por su peso, natural.

La vida impuso versiones y retardo la llegada;
Y hasta llegué a pensar que nunca podría dar
El conocimiento pleno que hoy germina en mi seno;
"Para lo que tu naciste, no se seca el manantial".

¡Al fin llegó el momento para el cual fui preparada!
El alma entusiasta y mi espíritu, inmortal,
Están llenos de gozo por todas las bellas notas,
Que de mi alma destella la luz del 'espíritus'.

Nací para dar mis versos a un mundo que espera
Una mano, una caricia, una canción, o un refrán.
Y aquí se los entrego; de mi alma lento brota
El humeen que hoy despierta la canción del alelí.

Mi Espíritu Sabe

Como por magia llegas a mi vida
Poniendo el aliento donde hoy hay paz
Con notas alegres de raro elemento
Alteras mis sienes como litoral.

Mi alma se alegre por tu gran llegada
Tal como la novia que espera besar
Al fantasma amado en noches de insomnio
Que lo entrega todo, por volver amar.

Mi espíritu sabe y conoce las huellas
De otros encuentros que solíamos tener.
Y en esos momentos, hemos sido uno.
Tu alma desnuda besando mi afán.

Razones me sobran para así quererte
Para así adorarte y atrapar tu amor.
Pues hoy he entendido que mi dulce espera
Ha atrapado tu humeen como bella flor.

Las almas que nunca se han separado
Tiernas expresiones del amor que dan,
Con su lindo aroma da su tierno idilio
A todo aquel que anhela amar por amar.

Rina A González

Mi Juramento

Nunca pensé que pudiera
No creía posible o pospuse,
Lo que hoy con facilidad
Y sin gran gala me seduce.

La calma me invade y la luz
Con su dulce toque de embriagues produce,
Que se llene de amor mi alma entera
Y quiera con el mundo compartir su dulce fruto.

Las notas son suaves,
Sus rayos candentes,
Profundos cimientos
Que un día sembré.

Y hoy los recojo, los frutos
De un juramento, que hice en silencio.
Y aunque lo pospuse,
Su tiempo es presente.

Mi juramento es a Uno solo
Y a Uno solo lo cumpliré…
Sembrar amor en toda esfera
De un mundo que sediento espera
Que la luz y la paz los cobije.

Planta un árbol;
Que sus matices sepan apreciar aquellos
Que sus almas perdidas dan al diablo
Y reflexionan cuando ven la hoguera.

Culpar a nadie;
Pues yo quizás haría lo mismo;
Y aunque lo verde se ve más verde de cerca,
De lejos tiene matices.

Provocativa y Serena

Ver en todos lo que Él vio,
Un alma que resplandece.
Y como escultor amante de su gran pieza,
Tener el orgullo y firmeza de ser su propio escultor.

Tener paz que prevalezca
Dando fe a quién quizás
Necesite una caricia,
O una mano en caridad.

No mirando quién ni cuánto
Nos importe su apariencia.
Buscando la gran conquista
De que un día prevalezca,

La paz, amor y pureza
Entre todos los humanos
Tendernos la mano
Al subir nuestra gran cima;

¡Y
El orgullo
De ser Uno, -
Resplandezca!

Mi Linda Melodía

Hay en mí una melodía
Un nuevo toque que embriaga
Algo suave que empalaga,
Y a la vez me da el motivo
De conquistar nuevos linos
Para la sena servida.

Hay un campo con campanas
Y margaritas y rosas,
Hay claveles y azucenas
Que parecen estar dormidas;
Ya todo va despertando
A mi linda melodía.

Las corrientes de los ríos
Que escuchan mi melodía
Son suaves y generosas
Como gaviota en su nido;
Que busca de su alimento
En lugares conocidos.

Los árboles me saludan
Al mirar mi esplendor
Como si ellos entendieran
Este, mi nuevo arrebol.

Madre Natura hoy viene
Y me saluda a mi paso,
Pues entiende de la magia
Que contiene mi alabastro.

Y mi bella melodía
Sigue tocando su lema.
Lo siento más cerca hoy,
Ya oigo su lindo esquema…

Provocativa y Serena

Sé que pronto llega su dulce embelezo
Despertando con sus notas nuestra imaginación.
Y después de un largo y tenso invierno
La vida tomará nuevas notas de pasión.

Sé que hemos de ser conquistados por la causa,
Causa de un deliro, porvenir de la razón.
Donde mi melodía será la luz de los hombres.
Donde el amor a lo nuestro ha de ser nuestro farol.

Mi Noble Sentir

Como si mi vida hoy fuera distinta
Siento algo nuevo en mi corazón.
La mente esta quieta, con nueva alborada
Y esta mi alma, llena de pasión.

Pasión que arde en mí desde que era niña
Por dar a este mundo mejores saber.
Ya veo esto ser parte de mi vida rutinaria.
Mi pasión de niña, se ha vuelto mujer.

Veo que mi cuerpo aunque ya maduro
Se ha vuelto lozano y lleno de paz.
Donde nacen ganas de seguir los pasos
Para dar al mundo mi tenacidad.

Hoy comprendo, que cuando se ama
No hay nada imposible o árbol sin flor.
Pues de las semillas brotan frutos nuevos,
Para dar al mundo el amor que soy.

Ya veo a mí alma contenta y segura
Dar paso al comienzo de lo que soñé.
Y con grato anhelo, inefable calma,
Se colma mi alma de pasión; de amor.

Hoy ya no pregunto por qué o por cuánto.
Ya toda respuesta la veo venir.
Con sus notas suaves despiertan mi alma
Dando así comienzo al amor en mí.

Y estas pasiones que alegran mi alma
Dan hoy su toque alegre a mi frenesí,
El cuál broto de mi alma cuando yo era niña;
Hoy a ti dedico, mi noble sentir.

Naturaleza

El amor que nos tiene el infinito
Es más puro y más radiante que el del hombre,
Miremos derredor y encontremos
Que el egoísmo humano no tiene nombre.

Solo pensamos en lo nuestro
Despreciando y mal juzgando a los demás
Al vecino en soledad no le miramos
Ni la mano extendemos en caridad.

Sin embargo la naturaleza ofrece
Lecciones a todos los que pueden ver
Que no hay diferencia entre nosotros
Sólo amor existe a nuestro haber.

De amor puro fuimos creados
Y ese amor tenemos que extender.
Cuando esta lección sea aprendida
Vendrá un nuevo mundo a florecer.

Mira como la mañana con su luz radiante
Saluda las montañas y los ríos.
No despide, ni nos dan congoja,
Aún sean sus mañanas frías.

El árbol seco que armonioso espera
Que los días y el viento lo destruya,
Tiene calma, paz y da aliento
Pues sabe que sus raíces no censuran.

La violeta que en los campos crece y cría
Da color sin igual a nuestro ser.
Nos recuerda tal vez nuestro infortunio
De querer pertenecer y así crecer.

La inspiración fue dada al hombre
Para que todos tomásemos iguala.
Y al educar las mentes y las almas, poder comprender
Que el egoísmo, no nos lleva a nada.

Rina A González

No dejes que tus sueños se consuman

Los sueños de los pequeños
Son sanos tiernos y claros.
Sueñan de grandes ensueños
Que un día verán nacer.

Son espejos de un alma
Al nacer la vida en flor.
Son los cuentos de azucenas
Que nos dieran la razón.

Son tenacidad y encanto
En creer en lo que somos.
El delirio de la musa
Es creer en lo que vemos.

Es el constante latir
Que brota del corazón
Como el profundo cariño
Que nos da la inspiración.

Es el creer en ti mismo
Y no saber más que eso.
Es creer por la mañana
Y en la noche, ser espejo.

Es ser paciente y locuaz
Y siempre ser optimista.
Es ver lo bueno en la gente.
Es creer en tu conquista.

Es la fuerza que motiva
A crecer y ser mejor,
Para realizar tu meta
Y ser tu propio escultor.

Provocativa y Serena

Si tus sueños no has logrado
No creas que muertos ya están.
Guardados por tu alma esperan
Que tu despiertes; nada más.

Busca en ti lo ya soñado
Y verás, que tu alma emerge,
Al profundo latir del corazón,
Que en silencio, él los teje.

Nuevo Día

A la mañana con sus notas suaves
Sus claros destellos de luz por doquier,
A ella hoy pongo mi toque a su emblema
Dando así las gracias por mí amanecer.

Anoche en mis sueños veía visiones
De dulces ensueños de un nuevo Sol.
Y en ese deseo con su dulce esfera
Trajo a mí su esencia al amanecer.

Prendida del nácar sobre esta mi frente
Consecuencia grata que me vio nacer,
Subí a la montaña que me dio su esencia
Para contemplar lo bello en mi ser.

Y esta mañana que es un regalo
Puedo en ella continuar mi dulce haber,
Dando de mi luz y tocar sus notas
Regando su esencia así por doquier.

Y cuando termine este nuevo día
Y la noche vuelva la Luna a traer,
Sabré que mañana traerá el nuevo ensueño,
Y pondré mi toque, al amanecer.

Ocaso Infinito

Una nueva puerta bañada de luz
Viene hoy a mi vivir.
Y a su llegada me otorga la dicha
De darle a la vida de su frenesí.

Allá a lo lejos veo el horizonte
Y veo a la Luna jugando con el Sol.
Ella en su juego le da al Sol sus dones
Que son como rayos que da amor y da luz.

Y en espuma blanca de las aguas mansas,
Con su tierno abrazo dan su aroma a mí.
En ella yo encuentro latente mi esquema
De amar y dar siempre lo mejor de mí.

La siembra de hoy florece a mi vera,
Profundos cimientos que un día sembré.
Hoy veo sus raíces crecer y ser fuerte,
Esparcir mis dones y amor que hay en mí.

Relato de un alma de infinita calma,
Que sabe lo que puedo dar.
Ya es parte de mi vida; este es mi convenio,
Que como elogio me da su sentir.

Es de mí el aire que entra en mis venas.
Siento cuando entra y cuando se va.
Y en este mi pecho siento su latido,
Corazón airoso; corazón capaz.

Es la esencia del alma que tiene raíces,
Es la flor del alba al amanecer.
Es del verbo el rasgo de lo ya vivido,
Y de estos mis sueños, es lo original.

De mí vida es la inspiración
Y de mis amores, es la gran conquista.
Es ver al mundo ser mejor que ayer.
Es darlo todo; es sentir la brisa.

Es la nota suave del ocaso en verso
Y del firmamento, mi causa y mi fe.
Es el noble sueño del descubrimiento
Que nos muestra las nubes como amigo fiel.

Es ver los rosales de otra manera,
Aunque con espinas ver la vida en flor.
Esto para el alma, es dulce melodía,
Pues con raudo vuelo se lleva el dolor.

Es la música grata del alma que canta
Lanzando al viento toda su bondad.
Es de la manzana, su renacimiento
Que nos dé del néctar para así soñar.

Para los que bien me quieren

Dicen que los poetas tenemos almas airosas
Y que sólo pensamos en cosas de "otro mundo".
Hoy quiero ver si pudiera transportarme a ese vuestro
Y compartir de lo nuestro para ver crecer al mundo.

Tener inspiraciones que perduren no es de necio
Tener aspiraciones no es ser nulo.
Pero creer y poder hacer rimas en mi mente
De algo que se pueda comprender, es de un astuto.

Más trataré como les dije de evaluar todas las cosas,
Ver cuál es mejor, mi astucia o el quebranto.
Pero ayúdenme si es que pueden
Háganme creer que mueren estas mis inspiraciones
Y vamos a ver quién emerge y quién sucumbe.

Pues el aire que respiro aquí en mi alma es muy puro
Y a veces no me deja este ver
Cuán dulce puede ser perder
A unos pensamientos tan obscuros.

Dejen que los poetas sigamos creando versos.
Desde el comienzo siempre ha existido una rima.
Más, me gustaría aclarar toda molestia de los que creen
Que los versos son de locos y despertar al profeta.

Permitan que mis pasiones alteren así sus sienes
Tomen del pensamiento el amor que ven allí.
Y verán que el firmamento les devuelve su gran nota
Al convertirse en emblema del alma que vive en mí.

Estos son hoy mis deseos a todos los que me escuchan
Que puedan ver las pasiones de mis versos al convertir
El manantial que penetra y provoque las acciones,
Para que dulce reclamen el placer de ser feliz.

Para Lucano
San Lucas

En los contornos de mis pensamientos
Donde la luz entra a cada instante
Estas tú, con tu infinita calma
Armonizando mi alma con tu encanto.

Deleitas mi alabanza que hoy germina
Con tu presencia grata y fascinante
Saber que estas presente en mi me llena
De gratitud plena y fe constante.

Eres el aroma de los nardos
Cuando la Luna le da de su dulzura.
Eres de las aguas, el manantial.
Eres de mi vida, mi fortuna.

Hoy veo tu rostro inconfundible
En esta mi alma que guardo tu esbozo
Como ámbar precioso que engalana
Tu marco espiritual, como precioso.

Te conozco y sé quién eres.
Desde mi niñez estás conmigo
Dando a mi vida la razón de ser
Para amar cada día, cada estribo.

Eres el amigo que me guía
A través de las aguas de la mar
Cuando al naufragio de la vida me lance,
Fuiste costa y razón para zarpar.

Sé que sin ti hoy no pudiera
Ver lo bello de este atardecer
Donde la ventana ya está abierta
Esperando el alba al amanecer.

Provocativa y Serena

Has dado vigor a mi vivir
Dando palabras de fe y gran constancia.
Eres en mi vida el jazmín
Y de mi alma, la rosa que feliz me enmarca.

Eres el rayo de luz que anima
A continuar con pasos firmes.
Me enseñaste a ver lo que hay que ver
Guiándome a amar todo en la vida.

Cuando quiero conversar contigo
Voy dentro y sé que ahí te encuentro.
Como lámpara que alumbra el porvenir
Aparece tu luz; y me contento.

Como médico y sabio consejero
El amor que en mi nace es ferviente.
Pues viene del hondo sentir que tú me das
De tu noble alma, y sé que es certero.

Tu amor fue y es mi amparo
Pues sé que tu amor abarca al mundo.
Hoy te doy las gracias por tu ser
El agua de paz que hoy le doy al mundo.

Yo sé que vine a vencer
Las huellas que a las almas dan cadenas;
Que la queman y la marcan con su hiel
Y con el grillo marcan la condena.

Más ya llegó el momento de romper
Todo límite que abruma y que castiga.
Venzamos las miserias del vivir
Derramando del amor, todo su sumo.

¡Con amor y gratitud; hoy y siempre!

Rina A González

¿Por qué?

Si es que tú puedes, si es que tú ves;

Por qué el crepúsculo del atardecer
Tiene notas de luz radiante.
Por qué la noche nos cobija,
Con su velo de tul del día antes.

Por qué la Luna no oculta sus rayos
Y le da elogios a nuestro amor.
Por qué las aguas de mis pasiones
Secas se quedan sin su esplendor.

Por qué las gotas del llanto ajeno
Lastiman mi alma sin yo querer.
Por qué lo bueno del campo verde
Es dado al mundo y pocos lo ven.

Por qué de nuestra sutil fragancia
Nacen laureles y el alelí.
Por qué Madre Natura
Pone en esta mi alma, su frenesí.

Por qué de lo ya vivido
Al sacar lo bueno, crezco yo más.
Por qué mientras más analizo
Me paralizo sin hacer más na.

Por qué las cadenas no se rompen
Ni sus duras penas ni la abnegación,
Sólo sirven para dar condenas
Y esta su causa, nos quita razón.

Por qué de la nada se forman figuras
Y al formarse, tiene mi misma impresión.
Por qué la lujuria carece de pureza
Y hace que tropiece en mi confusión.

Provocativa y Serena

Por qué mi pecho tiene tantos sueños
Y sólo anhela ver la gran luz
De esta mi alma enriquecida
Como las aves en su velo azul.

Por qué la gente ocupa el oficio
De maltratar a los demás.
Cuando es nuestro deber tender nuestra mano
Al indefenso con tenacidad.

Por qué juzgamos los procederse
De la gente sin saber
Que ellos tienen un convenio,
Y razón para así ser.

Más, si es que tú puedes si es que tú ves
Hazme creer que el mundo ha cambiado
Y que de mis poemas sale el compás
Y la linda paz que ellos han trazado.

Dime, que de mi inspiración crece la hoguera
Y que de mi hoguera, su suave embelezo,
De donde brota al fin la paz universal
Para nuestra fortuna y gran consuelo.

Por que en el silencio

Por que en el silencio cuando todo es tierno
En esta mi alma existe el dolor
Como sombra negra escombro inservible
Quemando mi aliento, y mi corazón.

Sin saber porqué mi alma se abruma
Y esta mi mente comienza a pensar
En otros momentos cuando yo creía
Que lo muy deseado era mi soñar.

Hoy al fin despierto, o eso me creo
Y vuelve mi mente a tomar furor
Más en mi alma queda el sufrimiento
Donde los escombros vuelcan su candor.

¿Por qué es que el hombre se cree poder
Abrasar todo lo que no existe?
Pues todo lo que logra es desilusión
Forjando más penas para el corazón.

Siento el deseo de correr y ver
Si en la distancia está lo que busco.
Cuando ya yo sé que nada hay allá
Pues mi alma alberga todo lo fecundo.

Triste es saber que ella es mi amiga
Más nada doy a la que me es fiel.
Más que el laberinto de tener zozobras
Por pensar en cosas que no deben ser.

Ella me alimenta, es mi confidente
Me albergue del frió, es mi timonel.
Es mi gran consuelo y mi refugio
En noches de insomnio cuan suave embriagues.

Provocativa y Serena

Me canta al oído al amanecer.
Me da de su elogio cuando se lo pido.
Su aroma esparce por donde camino
Y pétalos caen a mis lindos pies.

Más por ser la amiga y mi confidente
Se queda en silencio esperando a ver
Si un día despierto del sueno confuso
Que me tiene atada y no me deja ver.

¿Por qué en el silencio cuando todo es tierno
No domino al ego y aprendo a vivir?
Sería mi vida lozana y sencilla
Como la amapola que hoy veo crecer.

Sé que ya no tarda en que llegue el día
Cuando su caricia de amor llegue a mí.
Y esa conquista de dicha infinita
Tornará mi vida en rico marfil.

Rina A González

Provocativa y Serena

En la primavera de mi lozanía
Cuántas ideas se vieron pasar.
Y nunca tomaba la miel que salía.
Aquellos deseos dormidos están.

En el verano de mis consuelos
Provoqué y di de mí amar.
Y nunca creí poner recelo
A lo que hoy es pasado ya.

En el otoño de mis pasiones
Cuando las ansias muertas no están
Ese calor que despide la hoguera
Me da serena la fe de amar.

Y cuando llegue a mí el invierno
Si aún con vida me encuentro allí,
Sé que dispuse en todo instante.
Provocativa y serena fue mi alcance

Y nunca frío sentí al amar.

Miami, Florida
Composición escrita el día 11 de noviembre del 1982

Pues aunque sí más vieja

Como sortilegio veo la mañana
Desprender su velo saludando al Sol
Cuando así se posa delicadamente
En esta mi frente dándome su amor.

Ha pasado el tiempo y aún no concibo
Cómo el silencio pudo retener
La pasión que llevo aquí en mis entrañas
Y sea hoy la misma que me diera el Sol.

Ella es mi elocuencia y grata compañera.
Mi pasión, delirio; es mi vida en flor.
Ella me da aliento y es el gran suspiro
De mi esqueleto e imaginación.

El tiempo ha pasado por este mi cuerpo
Más sé que con el tiempo el perecerá.
Y aunque vengo de otros lugares
Hoy le doy al mundo, mi gran ideal.

Más si hoy luzco estar más vieja
O si mi cuerpo no tiene esbeltez
Sólo ha sucedido lo que se esperaba
Que al pasar los años vuelva yo detrás.

Hoy contemplo al mundo con mis nuevos ojos,
Donde con paciencia hablo que ellos ven.
Y ellos hoy miran la linda figura
De mi alma erguida, de mi amor por él.

Ayer quise volar mas descubrí que alas no tengo
Ni pude agarrar la arena en mis manos.
Mas antes de irme deseo volar
Entre las gaviotas del bello soñar.

Pues aunque más vieja, no pierdo el deseo
De ver al mundo desear hacer bien.
Deseo que todos buscamos la rosa
Y con su fragancia, bañemos al ser.

Quise un Día

A una pobre alma que caricias pedía
Quise acercarme y poder llegar.
Pero me lo impedía la espina en pecho
Y por más que quise, no pude ayudar.

A un corazón que latente amaba
Su pasión del alma quise entender.
Pero el corazón estaba en pedazos
No pude ayudarle por más que traté.

A un hombre sin aliento
Pensé poder su queja entender.
Y encontré que su espíritu tenía las huellas
De algo muy viejo sin amor, ni fe.

Comprendí que no es posible quitar las huellas
Ya que son ellas maestros del vivir
Nos dan sinsabores para que entendamos
Que al ir a la causa encontramos la matriz.

Cuando sientas que algo te duela
Da las gracias y ve a sanar
El dolor que guardas es tu gran conquista.
Quita el dolor y ponte a cantar.

Recrea Tu Alma

Para conocer los rincones
Y bellezas que tenemos
Hay que sentir en el pecho
Los dolores del nacer.

Hay que ir hasta el fondo
Y ver las profundidades
Que guardamos muy adentro,
Como si fueran caudales.

Recrea tu alma así
Y deja que surja a piel viva
Los dolores que has callado
De pasiones ya vividas.

Penetra esa tu alma
Dejando su ardor forjar
Y verás que amor del bueno
Siempre podrás encontrar.

Contempla así la figura
De la noche en tu ventana
No pierdas hoy el descanso
Por lo que paso ayer.

Pues verás las notas gratas
De este bello amanecer
Como entra en tu ventana
Dándole amor a tu ser.

Ten tu cabeza bien alta
Y no permitas que el llanto
De cosas sin importancia
Perturbe tu amor, si al fin,

Provocativa y Serena

Cuando el día hoy termine
Y se convierta ya en noche
Podrás tomar de la hieles
Que ayer te hicieran sufrir,

Y podrás convertirlas en mieles
Que han de adornar tu sentir.
Recrea tu alma bella
Da paso a un nuevo vivir.

"Reflejos"

Reflejos de una alborada
Que conquistar quiere almas.
Espejos que me revelan
Un potencial escondido.

Sin pensar en lo vivido
Dando paso a un manantial que emerge;
Y confunde a todo aquel
Que no tiene un buen oído.

Mis versos son de los libres
Que no esperan recompensa
Después de una larga
Y afanosa espera.

Y al llegar al oasis
De nuestro dulce trayecto
Ver florecer mis reflejos
Como una mata de higuera.

Lo que puedo dar lo doy,
Gustosa,
Sin que me cueste;
Sabiendo que no vienen malos tiempos.

Pues mi musa, como el viento,
Es libre, como mis versos;
Y hoy entona su bello rasgo
A la flor que me da un beso.

Rosa Mística

En tus brazos Madre mía
He aprendido a amar
Eres de la mañana, luz divina
Que penetra en mí soñar.

Con tus rayos de luz pura
Iluminas mi ansiedad
Y la transformas en vida,
Elegancia y caridad.

Pones ante mí el camino
Que ahora debo seguir
Y mi vida es transformada
A plenitud y marfil.

Llega a mí hoy tú esencia.
Es tu aroma el despertar.
Hoy comienza un nuevo día.
Hoy termina mi ansiedad.

Como sueño fugaz del mes de abril
Cuando la primavera florecer en arrebato,
Esta tu imagen prendida de mi ser
Entre colores, cual feliz relato.

Ponle tú el toque a mí sentir
Madre piadosa que conoces mi relieve.
Necesito sentir ese tu amor
Estrecho abrazo al sentir mi anhelo.

Se dice que tú eres la esencia de la flor
Que derramas por amor al mundo.
Yo sé que eres del Sol su esplendor
Y del pétalo que cae, lo más fecundo.

Del beso eres lo más puro.
Del amor, su inspiración.
Del triunfo, la conquista.
Y de mi razón, su flor.

Eres la gentil hermana
De la mar y de la brisa.
Eres Madre, el gran soñar
De las campanas y su alegre risa.

El cielo hoy te saluda
Y yo te ofrezco esta rima.
Extiende tu manto en pos
A mi espalda da cobija.

Por un instante me olvido
Que el mundo pueda cambiar.
Y me transporto a tu mundo
Y comprendo el ideal.

Veo el coro de los ángeles
Cantando hoy tu canción.
Sus notas dan esperanza;
Su esquema, inspiración.

Y tú, Serafina desde tu trono
Que está entre las suaves nubes,
Preparas ricas mieles para mí
Mientras te clamo y te saludo.

Humildemente te ofrezco hoy
Estos mis versos para alabarte
Sabiendo que sabes comprender
Mis mil motivos para adorarte.

Las mil razones de gratitud
Que en silencio mi pecho guarda.
Gracias por darme tu dulce amor
Y los deseos de adorarte.

Provocativa y Serena

Gracias por darme mi juventud
Y comprender lo ya vivido.
Gracias por todo lo que aprendí
Y por sacarle del Río Nilo.

Pues esas pruebas fueron mi luz
Y me trajeron a tu presencia,
Donde he encontrado tu aroma al fin
Prendida de mi alma, como eminencia.

Y como mi arte es el rimar
Rimas hoy vine a darte.
Este es mi lienzo, tú eres la flor
Paraíso de amor; mi gran constante.

Serafina

Figura de singular belleza eres tú querida ensueño,
Con dulce aroma bañas tú mi ser,
Poniendo toques de amor y de dulzura
En estas mis canas y mi agotada sien.

Traes Serafina el cuento escrito
De amor henchido de tu toque impreso.
Pones el sello de armonía al porvenir
En este papel que hoy vuela a tu encuentro.

Llegaste a mi vida por fortuna.
Yo que buscaba paz y no la hallaba.
Mas al tu llegar cambio mi vida
Y hoy reflejas tu silueta en mis aguas.

Todo lo puedo cuando tú te encuentras
Presente estás en cada página que escribo.
Eres tú, dulce aurora de mí ser
La luz que me acompaña y me fascina.

Serafina, muéstrame tu ardor
De pasiones llenas y de vida.
Deja que tu frente pueda ver
Al volar cl gavilán entre la espuma.

Estos versos que guardo para ti
Fueron hechos un día de victoria.
Cuando en mi juventud vencí
La que creía ser duro y temerario.

Y al final de esa travesía
Vi que fuiste tú mi gran victoria.
Pues me enseñaste a tener fe en mí
Y a sacarle brillo a la discordia.

Provocativa y Serena

Te doy las gracias por ser tú mi razón
Y por el cuido de todos mis ensueños.
Pues en el atardecer de mi vida veo
Cuánto amor derramas en mis sueños.

Más si para conocer quien soy
Tengo que pasar de nuevo por el mundo
Sabiendo que a mi lado has de estar,
He de volver aquí, en un segundo.

Pues sé que pondrás verso a mi razón.
Darás aroma a este mi embelezo.
Hemos de darle al mundo nuestro amor,
Que en silencio espera por el universo.

Significados Sencillos

Una flor, una ilusión
Un pensamiento, un deseo
Un suspirar, un pensar
Un amor, sólo un anhelo.

Un árbol, su verde encanto
La lluvia, el frenesí
Un niño, el firmamento
Un beso, el que te di.

La mar, su hermoso emblema.
La tierra su dulce andar.
El alba, entendimiento
La Luna, para soñar.

El Sol, sus rayos de luz.
El día, otro a mi haber.
El tiempo, sólo un momento;
Felices, igual que ayer.

Tinieblas
(ego)

A las tinieblas del mundo
Hoy le acicalo mi musa
Porque en tinieblas he estado
Y conozco lo que ocultas.

Y si ésta te dedico
Es creyente en mi fe,
De saber que la Luz puede
Lo que tú no puedes ver.

Tinieblas que así dominas
A la mente del humano
Sin dar el mayor reparo
Que una lágrima que asfixia.

Su delito que embarrabas
Con tus más gratos deseos
De verles al lodo caer;
Presilla de plomo que quema.

A ti
Tiento yo.
Tiéntame a mí
Si es que puedes.

Cuántas veces has tratado
Y como humana confieso,
Que mi frente doblegar
A lo más alto prefiero.

Ven si puedes, tinieblas ven.
Ven al fuerte no al débil.
Deja que el débil repare
Que su alma te dé pena.

Ven a mí con tu donaire
De quimeras escondidas,
Y muéstrame, si es que sabes
Por dónde caeré rendida.

He pecado, lo confieso,
Pero no ante ti, si no ante el mundo.
Y más que éste, ante el Padre
Que me baña y me perfuma.

Y hoy Él me ha permitido
Hacerte llegar mi musa,
Que aunque no te la merezcas
Me parece hasta curioso,

Y quizás sea chistoso
Que yo te tiende denuedo,
Para que caigas tu preso
En la Luz de Su embelezo.

Tu Mano Blanca Sobre Mi Frente
Plegaria

Si pudieras Padre me gustaría
En esos tus brazos echarme a dormir.
Sé que mis sueños fueron delicias
Como caricias del porvenir.

Si yo pudiera y me permitieses
Quedarme aquí junto a ti,
Sé que mi vida toda así fuera,
De armonía dulce hasta el fin.

Si Tú no crees que ya sea mucho
Y puedo dar de mi sentir,
Yo desearía que me transformes
En esa imagen que vive in mí.

Y así, gozosa por mis riquezas
Las muchas noches que aún me quedan
Dormiré quieta, queda la mente
Pues alabarte mi alma espera.

¡Cuando Tu mano blanca mi frente toque
Al dar comienzo a Tu Plegaria,
Estará fuerte esta mi alma,
Que no se cansa de adorarte!

Un Manto a Mi Espalda Llevo

Vengo de altas colinas
Con un valle que provoca.
Vengo del monte silvestre,
Vengo del mar, soy la roca.

Vengo del aire que sopla
Y da aliento a los pulmones.
Vengo del canto del ave
Que armoniza las razones.

Vengo del gran imposible
De ver triunfar la verdad.
Vengo del tierno hechizo
Que me diera la hermandad.

Tengo en mi sangre la herencia
Y en mi fe la redención.
Llevo en mi alma prendida
La justicia como don.

Y si las suaves estrellas
Que denotan tu fulgor
Detienen Mi paso altivo,

Sabré volver a entonar
Tu caudal de azul tejido.
Soy el don de lo perdido,
Soy la flora, manantial.

Soy la linda realidad;
El que ama, no ha perdido
Ni su más tierno pedido
Ni sabrá que es vanidad.

Pues de esas colinas que vengo
Sabrán dar el dulce hechizo
Y con sus rayos candentes
Abrirán paso al destino.

Un manto a mi espalda llevo;
¡Soy la Virgen del Camino!

Un Toque De Magia

En el jardín de mis ilusiones
Guardo el tesoro de mi vivir,
Es la esencia que esta prendida
De mis pasiones y mi sentir.

Cuando de noche voy a su encuentro
Veo las flores dar de su amor,
Y ese néctar entusiasmado
Me va entregando de su candor.

Y así, recojo los lindos frutos
De este mi huerto con mi ilusión.
Guardo el regalo en lo más hondo
De esta mi alma con mi pasión.

Ya los helechos son el portento
De lo que un día fue mi clamor.
Cambié lo negro de mis quimeras
En dulce esencia del dulce amor.

Y ese jazmín que yo guardase
Hoy ya me entrega su linda flor.
Entre-calado esta en mi pelo
Y está prendido del corazón.

Ya todo está dicho, todo está escrito.
Ya nada queda por suponer.
Mi vida fue grata y placentera
Y del dolor, supe aprender.

Y si mañana vuelve el mal tiempo
Esta mi alma sabrá poner,
Un toque de magia al inocente
Que importune mi gran querer.

Veo al Mundo

Ya nada falta para que empiece
El nuevo día a resplandecer
Ya en mi ventana veo los rayos
Del Sol candente al amanecer.

Veo al mundo que esta dormido
Abrir los ojos y ver la flor
Cuando los rayos de luz candente
Tocan sus pechos, nacer amor.

Veo al mundo entristecido
Por los sucesos de nuestro afán
Como gran ola de furia erguido
Entre las penas del batallar.

No sólo lo malo es lo que existe,
Pues siempre el bien vendrá en pos
De los que aman, de los sinceros.
¡Goza la vida, siente su ardor!

Veo al mundo subir montañas
Veo la cima resplandecer.
Ya lo dormido va despertando
Del gran ensueño, del gran furor.

Ya las tinieblas se han ausentado
De esas mentes que suelen ver
Todo en discordia, desarmoniza,
Como tiniebla que nunca es flor.

Detrás quedan los rasgos mustios
Que la discordia dio a mí vivir.
Hoy resplandece sólo amor puro
En este mi pecho y en mi sentir.

Violeta

Violeta que bonita
Y señorial dispones
Con tu aroma
A invadir todo mi ser,
No des de ti
A quien no entiende
Tu místico proceder.

Tú, que aseguras
La puesta del Sol
Y su comienzo
A renacer al dulce encuentro
De sus rayos
Posándose en tus hojas,
No alientes a quien con congojas
Quiso dominar tu ser.

Libre eres
Y libre serás hasta el día
En quién como tú,
Libre de espíritu y alma
Sepa arrancar el yugo
Que un día te esclavizara;
Y florecerá tu Alma.

Rina A González

"Vivir"

Mi Gran Constante

Al nacer en mi nueva esperanza
Con el alma entrelazada entre mis luces
Desdoblé mi figura para ver
El grato son de mi gran derrumbe.

Por años me entretuve en pensar
Contrario a lo que hoy me llena
Hoy veo la felicidad en mí
Ser parte de mi gran esquema.

Doy gracias por saber que soy
Quién vive en mí, en presencia plena.
Mi pasos van derecho a mi confín
Caudales que sin fin siempre me esperan.

Saber que hoy vivo sin pensar
Que el miedo venga a quitar lo propio
Es saber que yo fui quién construí
La dura pena de mi gran derrumbe.

Cuando el ego ocupaba mi vivir
Todo se evaporaba en un segundo.
Como capricho insólito se fueron
Todos los caudales que creía seguro.

Hoy presente estoy
En todos los asuntos de mi vida.
Al constante palpitar de mí latir
Donde el Sol alumbra mi sendero.

Siento que respiro por primer,
Como nacer de nuevo al preludio,
Hoy miro a la vida y dejo ir
La ilusa creencia que confunde.

Provocativa y Serena

Vivir no es pensar, sino es ser.
Es saber que soy pues vida tengo,
Como la estrella que me lleva a obtener
La pura luz del entendimiento.

Vivir, es la de luz interna que me baña
Y me lleva al seno de mi gran querer
El que yo edifiqué para sanar
El dolor de vivir ya sin saber.

En comunión el alma hoy se encuentra
Superando la porfía del ayer.
Me he convertido en claridad que vuela.
Voy transformando mi vida; soy vergel.

Volver A Vivir
"Soneto a Jesús"

Me inclino ante ti en reverencia
Recordando los bienes perdidos.
Dando gracias por mil de mis penas
Y por mil de milagros vividos.

Me derrumbo ante tu imagen santa,
Hoy presente en mi alma que alivias.
Este amor que yo siento a diario
No es mayor que el que se tu me brindas.

Pedía me mostrases el camino
Cuando de niña solía hablar contigo.
Ya sé cuál es Señor, me lo has mostrado
Y de rosas hoy se cubre lo vivido.

Con flores alegres
Que a los trillos vienen a dar de su hermosura,
Veo esa tu estampa gravada
En esta mi alma que tú siempre alumbras.

Fecunda relación ésta la nuestra.
Como sacro pacto, me has enseñado a querer,
No ya con propósito sabio,
Sino, por el mero hecho de ser.

Has dado vigor a mi cuerpo
Me has pedido doblar la tarea,
A triunfar encomiendas mis pasos
Sin yo ser quién lleve las riendas.

Cuando en dudas reclamo bajito
Tú me pides que ruegue en voz alta.
Y al oír esa suplica río,
Pues comprendo y oigo tu canto.

Provocativa y Serena

Cuando el miedo me enseña su rostro,
Llamo, y sé que acudes al clamo.
Con tus soplos de aires invictos
Me devuelves la tierna postura
De dar paz, al echarme tu manto.

La corona que llevas prendida
Como digno Rey de los Cielos
Me ha mostrado, que fue tierno hechizo
Que tu cetro el verdugo te diera.

Te conozco y sé que existes,
Pues te he visto en las flores que duermen.
Al abrir ellas sus tiernos pétalos
Sólo aroma veo que emerge.

Sé, me conoces a mí.
Y grandes empresas tienes
Para ésta, que hoy sólo comenta,
Cuán grato es el amar al que sé mi alma alienta.

Nobleza celestial, hoy me conmuevo
Al ver tan lindo al Sol desde tu altura.
Jovial silueta altiva yo te canto
Por haber dado al mundo tu figura.

Por haber dado la madreselva que baña
Con su néctar el ocaso de un ayer.
Por haber dado tú a mí este amor tierno,
Y saberme comprender.

Y gracias quiero darte
Por haber puesto en mí tus dulces ojos,
Al tener esperanza en lo soñado
Por quién derrocha un mundo, y su despojo.

Rina A González

Pues, si para conocer cómo eres,
Tuviese que volver a caminar angosto trillo,
Orgullosa volviese atrás mis pasos
A vivir de nuevo lo vivido.

Sabiendo, que al final de la jornada
Presente, en cada página ya escrita,
Estarás tú, dando a mi alma aliento;
¡Al palpitar constante; donde habitas!

¡Con Amor y Gratitud!

Yo Soy Amor

Yo soy amor.
Yo soy la dulzura que nace
Del alma como una canción.
Y así, danza con lirios en manos
Dando a multitudes
El delirio de esta mi mente
Que serena guarda el profundo
Secreto que nace al soñar
Con lirios y flores de mi dulce amar.

Yo soy amor
Que nació un día
Y es siempre eterno.
Latir que da vida, fusión de embriaguez,
Que cala mi cuerpo con calido anhelo
De querer dar vida a mi inspiración
Para que la mente y el cuerpo descansen
Serenos sabiendo que sólo hay amor.

Y así,
Se detiene para darme un beso,
Y continúa dando
De su dulce amor
Que brota como humeen
De esta mi alma
Tocando y despertando
Mi noble pasión.

Para así,
Inspirar las almas que esperan
Canción y ver la pradera como da esmeraldas
Y amplia al verso y calma mis ansias.
Sólo hay amor de donde yo soy
Puro como el néctar de la madre perla,
Blanco como el nácar, amor sólo amor.
Así es mi embelezo y el amor que guardo.
Así es el emblema del amor que soy.

Rina A González

"Yo Soy Divina"

A los primeros destellos de la luz,
Despierto saludando al nuevo Sol.
Contemplo mi vida en un solo segundo,
Y doy gracia por todo lo que soy.

En mi corazón, cofre del entendimiento
Donde guardo el humeen de mi dulce amor
Veo al fin que soy libre como el viento.
Inmaculada soy, como la eterna flor.

Por eso, al contemplar al nuevo día
Doy las gracias por todo lo que ya viví.
Pues ahora sé que en este instante
Yo Soy Divina hoy, y siempre fui.

Segunda Parte

"Poesías Escogidas"

Escritas a mis Seres Queridos

En Orden Alfabético

A Carmela

Para Tía Camila

Todos los días cuando amanece
Siento tu aroma cerca de mí.
Eres los rayos de luz que entran
Por la ventana del frenesí.

De la sonrisa eres la brisa
Que juguetea con mi querer.
De la palabra eres elogio
De mil renglones que pueden ser.

Eres gallarda en tu figura,
Eres capaz en tu intención.
Sé que me guías con pasos firmes
Al mundo entero en excitación.

Eres el nardo en la pradera
Dando su esencia a mi intención.
Y me regalas la dulce encuesta
De amar al mundo y su perdición.

Y cuando llega la noche erguida
Estás conmigo en comunión
Dando tu toque de azul celeste
A estos mis sueños en redención.

Eres la amiga que esta presente
En los momentos de mi vivir,
Cuando las dudas se hicieron fuertes,
Tú consolaste mi gran sentir.

Das con tu emblema la gran dulzura
Esa miel pura que aliento da.
Y doy gracias por tu presencia
En esta mi vida y mi pensar.

Provocativa y Serena

El porvenir ya esta presente
Con cada paso que doy en pos.
Sé que ha llegado mi día de gala
Que tú engalanas con todo amor.

Gracias, con amor; tu sobrina

A Cuca
Descansa en Paz

Alza tus ojos al firmamento.
Mira su luz y aboca.
Despoja tu mente de pensamientos
Que traigan dolores y congojas.

Deja que tu naturaleza sirva
De canal y fuente al mundo.
Permite que tu alma hoy se aquiete;
Recibe el perdón en dulce ayuno.

Calma tus sienes ya viejas
Lozanos por el saber.
Tu corazón guarda nobleza
Saca hoy el fruto de él.

Contempla el hermoso día
Baña tu cuerpo a la luz del sol.
Cuando llegue la noche no habrá melancolía
Y en presencia divina estarás vos.

A Mi Hija Silvia

Sólo ayer eras pequeña
Y hoy ya eres mujer.
El tiempo se va volando
Y yo me voy junto a él.

Los años no fueron nobles
Ni supe trazarles bien.
Yo pensé que tiempo había
Y fruto a recoger.

Y hoy, al ver que el tiempo
Ya no me acompaña
Sólo me queda el decir
Que el fruto quedó en la infancia.

Ahora creciendo juntas
Caminando el mismo tramo,
De mujer a mujer te expongo
Que escojas mejores pasos.

Si algún día tú pudieras
Perdonar lo que no fui,
Quiero que sepas que fuiste
La alborada para mí.

Pues de los tres me enseñaste
La palabra madre ser,
Y aunque no hice tus hechos
Te di el valor a ver.

Es mejor el comprender
Y aceptar los mil errores
Que cabalgar mil de noches
Y no saber quiénes somos.

Rina A González

Y si mi forma de actuar
Y querer que comprendieras
No fue de tu dicha grata,

Hoy quiero querida hija
Que me enseñes
A cabalgar en tu nata.

De mujer a mujer hoy vengo
Donde mi hija mayor
A pedir que me perdone
Y a caminar bajo el Sol.

A Mi Padre

A la memoria de Albino H. González Montesinos

Sería injusto que no te dedicara
Una de mis poesías
Cuando tengo tus pasiones y tus rimas.
Quizás sea yo la llamada a dar paso al manantial
Que a tu partida dejaras inconcluso;
Y ahora me toque a mí,
Ponerle rimas a unos versos,
Para ver nuestro nombre
Impreso en la cubierta
De lo que el mundo llamara,
"Provocativa y Serena".

Una vez me dedicaste
Uno de tus versos
En el cual me pedías
Que buscase
En los libros mi alcance.
Y aunque ellos me ayudaron
Y me dieron firmamento
No suponía que hoy,
Pudiera poner realce
A lo que brota de mí
Sin yo quererlo.

Me acercaste a lo puro
Y a lo bueno de la vida.
A ver el alma en la gente
Y a no hablar escondida.
Vistes en mí de lo que
Hoy yo me asombro,
Ya no el talento escondido,
Más aún, que a lo vivido
Supe sacarle lo bueno
Y en toda circunstancia
He tenido un buen amigo.

Rina A González

Tus enseñanzas del ayer,
Hoy y siempre,
Han vivido prendidos
De mis recuerdos
Y me siento agradecida,
De un hombre noble y puro
Que conquistar quiso almas.
Y creyó en su conquista
Y murió por sus dos causas;
"La tristeza de la vida
Y la nobleza del alma"

Con amor, de tu hija

A Mis Hijos

A mis hijos que hoy veo crecer
Y muestran sus dones y aires
Les quiero ver siempre así.

Y así compararles
A una gota de roció
Que me alienta y fortifica.

A un granito de arena
Que nunca pierde su brillo.
A una perla serena
Que sobre la mar fue puesta.

A un pájaro en su nido
Tomando calor y néctar.
A una gaviota en vuelo
Que despliega su dominio.

A un lirio que embalsama
Y me hace realizar,
Que el ara de mi conciencia
Puede estar tranquila ya,

Pues ustedes superaron
Lo que yo les vine a dar.

Alma Pura
Para Benicia Aracil

Hoy le dedico mi musa a tu ser querida amiga,
A tu esencia inconfundible, tu sonrisa angelical.
A tu fuerza y palidez, a tu alma sin igual;
Veo que Dios si comprende tu inigualable bondad.

Nunca pensé que el destino nos pudiera separar
Y por años en la ausencia siempre pensé en la amistad
Que está en mi alma gravada y no se puede olvidar.
¿Y cómo olvidar lo amado cuando presente aún está?

Ahora que al fin regreso veo en ti lo que hay que ver,
Un espíritu valiente, tierno y calido a su vez.
Donde hay lugar para todos, donde hay amor,
Donde hay fe.
Donde el amor prevalece, tierno y callado a su vez.

Los amores nunca mueren, las pasiones mortifican.
Los deseos son los sueños que nuestra alma practica.
Para mí tú eres el sueño y el deseo de tener
Paz y amor como conquista, alma pura tuya es.

Los años no te han cambiado, veo lo mismo que ayer,
La misma dulce armonía, la misma calma y solidez,
Que sale de tu alma pura embriagando así mi ser,
Dando el toque necesario para desear tu embriaguez.

Yo te estoy agradecida por ser hermana en verdad
Por se mi gran consejera a través de la amistad.
Pues cada palabra tuya fortifica quien yo soy
Aclarando el pensamiento, dando luz a mi razón.

Los deseos de conquista que tuve ayer prevalecen.
No se muere lo que es tuyo y viene de gran empresa.
Tú eres la pura esencia que conquista las razones,
Yo soy el perfume blanco que armoniza corazones.

Provocativa y Serena

Y como manantial que surge y permanece con vida
Le doy gracias a tu esencia por haberme dado a mí
Momentos de eterna dicha cual caudal que hoy emana
Dando deseos de amar y continuar con mi plana.

Gracias te doy por tu ser la constancia que perdura.
Gracias por tender el brazo y una mano segura.
Por ser un alma que late, por ser la madre ejemplar
Que lo da todo por sólo poder así contemplar.

¡Así es mi linda amiga, como veo tu soñar!

Con amor y gratitud, quien bien te quiere

¡Así es tu esencia!

Para Manny

Vive en mí tu imagen como alegre dicha
Como dulce humeen, como eterna flor.
Y esta mi alma que vino a este mundo
Para dar sus dones, ve tu gran amor.

Mi vida ha cambiado desde que en mi vive
El saber que eres parte de mi gran razón,
Pues sé que ahora puedo lograrlo todito.
Guías tú mis pasos, mi mente, mi ardor.

Cuando éramos niños solíamos hablar
Y pude ver cuán inmenso es tu corazón.
Fuimos confidentes y abriste los brazos
En noches de insomnio y de gran dolor.

Supiste rendir culto a tu linda esencia.
Fuiste el amigo con quien compartí
Las locuras tiernas y las travesuras;
Sin yo percatarme hoy ya estas aquí.

Cuidaste mis pasos cuando éramos niños;
Y hoy como ángel cuidas mi vivir.
Cuánto amor encierra nuestra verdad mística
Y que dicha la mía de saber que es así.

En ese contrato que antaño firmamos,
Preámbulo tierno de lo que soñé,
Veo mis pasiones junto al embelezo
De tu tierno hechizo y tu mano fiel.

Aparentemente el contrato sigue
Y veo que el pacto es dar, sólo dar.
Me siento orgullosa de que fuimos hermanos.
¡Fue mi privilegio el poderte amar!

Provocativa y Serena

Hoy te escribo ésta para dar las gracias
Y dar vida a mi gran sentir
Tú eres el ángel que mi vida llena
Con sus tiernos pétalos y tu gran reír.

Gracias quiero darte por todos tus cuidos
Y por demostrarme el gran porvenir,
Pues hoy ya comprendo lo que es ternura.
Esta es tu esencia; tu amor por mí.

Con amor y gratitud

¡Así Te Imagino!
Para Amaris Marie

Veo en tu sonrisa esa tierna brisa
Que así acaricia mi raudo pensar.
Y así te imagino, lo bello que existe
En esa tu alma que veo detrás.

Veo tu pensar, coqueto elemento
Que le diese marco a tu juventud.
Y así permanezco, contemplando cuántos
De esos pensamientos, elocuentes versos darás ataúd.

Veo en esos tus ojos la noble ternura
De tu alegre risa como manantial.
Que emerge del noble sentir de los sueños
Que pronto, muy pronto tributo darán.

Sueñas y conquistas a la tierna brisa
A que permanezca contigo y perdure.
Y tu nube amiga te suele contar
Que tu porvenir te espera fielmente
Lleno de tus sueños, lleno de tu amar.

Dicen que el suspiro es el ensueño
Que el alma expulsa por un querer,
Y cuando así sale recibe el elogio
De Madre Natura al atardecer…

Y viene una estrella donde ella transforma
Ese suspiro y lo vuelve miel,
Para que recuerdes tus pícaros sueños
Cuando te conviertas en el sortilegio llamado mujer.

Veo tu figura;
Y así te imagino
Al pasar los años como tú serás.
Ya en la adolescencia etapa que brinda
Primavera eterna, que como coqueta

Provocativa y Serena

Caricia te vino a traer el tierno embelezo,
Que nace del alma y puedas querer.

Y ese tu nombre que llevas como emblema
Vino a dar el toque de genialidad
A esta niñita que hoy sólo se ríe,
Pícara y coqueta, como esa tierna brisa
Que así acaricia mi raudo pensar.

Con amor, Abuelita Rina

Ayer - Hoy - Mañana
Para Sergio Miguel

Duerme mi niño en sueños de rubí
En su infancia que atesora
Sin dar mayor miramiento
A los años que se asoman.

Y piensa que todo es fácil.
Así ve él.
Quién sabe si este niño
Mira lo que hay que ver.

Su lógica afilada cala su dulce pensar.
Mil preguntas el expone
Y así, se pone a tramar aventuras venideras.
¡Qué noble es el soñar!

Que perduren tus sueños de rubí.
Sacia hoy tus deseos de aventura.
Y cuando mañana llegué a poner paro a tu infancia,
Logres del pensar de ayer dar noble toques al alma.

Donde hoy te encuentras
Para Tía Luisa

Deseo en este papel que ha de volar algún día
Poner mi tonalidad a tu reciente partida.
Dicen que fuiste al descanso de donde nadie regresa.
Yo sé que en ese remanso es donde todo comienza.

Los humanos damos nombres a lo que no entendemos
Hoy te encuentras en la sala de la casa que te alberga.
Y si miras derredor verás que es grande y amplia
Donde la luz del amor ilumina cada casa.

No permitas que el engaño de los que esto desconocen
Sea motivo de tristeza para ti que sabes bien
Que donde hoy te encuentras es el estado perfecto
Y como podrás ya ver es parte de nuestra esencia.

Nos dejas como legado tu dulzura sin igual
Tu sonrisa delicada, apacible, singular.
Siempre he de recordar tu silueta y tu cabello;
Gracias por el encuentro, gracias por los consejos.

Y como este papel que ha de volar algún día
Sé tú hoy mi inspiración, rauda, diáfana, cautiva.
Descansa en paz sabiendo que todo tiene un porqué;
Tu espíritu es inmortal, tu alma dulce y pasiva.

Ya no existe el dolor en tu cuerpo tierno y frágil.
Tu voz se mezcla con el viento que la distancia abate.
Puedo escuchar al gran rió cuando pasa por las piedras,
Como escucho el suspirar del tomeguín cuando canta.

Pero lo que me conforma es saber que ya llegaste
A la sala de la casa que es nuestra fe, constante.
Pues pude oír a lo lejos la música angelical
Cuando la puerta del cielo dio paso a tu alma, triunfal.

Descansa en Paz; Tu sobrina

Rina A González

Mi Herencia

A la Memoria de Mi Madre
Rina Amparo del Rosario García de León, González

Viene a mí mente tu memoria grata
Y sin darme cuenta me pongo a pensar
Que no hubo tiempo de una despedida
Ni darte las gracias por tu dulce amar.

Con toque de asombro hoy veo prendido
De esta mi frente tu aroma y tu ser.
Como suave toque de melancolía
Que invade mi alma sin poder llorar.

Nada es imposible para aquel que sueña
Y una despedida es propia al sentir.
Deseo que sepas que al llevar tu nombre
Me distes mi herencia y mi porvenir.

Deseo al igual dar a ti las gracias
Por ser quién me dieras mi encarnación.
De este papel con dulces espinas
Prendidas llevamos y nos da el sentir.

Fuiste tú el milagro que me diera vida,
Fuiste tú la luz que no se apagó.
Eres tú la esencia que llevo prendida,
Es esta mi herencia con alegre fin.

Tengo en mí la herencia que así me dejaras.
Por algún motivo sé que te escogí,
Para que tú fueras el ejemplo grato
Donde las quimeras derrumbar yo vi.

Sé que te marchantes a la otra vida
Donde todo existe y se ve mejor;
Pues cada vez que llamo sé que tú acudes
Dando de tu aliento y tu frenesí.

Provocativa y Serena

Sé que nos amaste con dulce delirio
A estos tus hijos que de ti son flor.
Veo el manantial que del pecho brota
Como así derrama tu néctar y amor.

Gracias quiero darte por nuestro convenio,
En este Universo donde no hay error.
Y con esto en mente me dispongo airosa
A continuar siendo lo mejor que soy.

Repón tus sienes de la triste vida.
Deja que tu espíritu pueda ya volar.
Entre los manjares que están en los cielos
Donde las gaviotas te ven al pasar.

Gracias quiero darte por darme mi herencia
De donde sacaré mil recuerdos más,
Al transformar mi vida en rauda victoria
Cuando la mañana despierte mi amar.

De donde he de sacar los recuerdos gratos
De la grata danza que bailamos tú y yo
Donde de la nada hicimos un mundo
Donde los ensueño sueños somos hoy.

Transforma tu idilio en rauda alegría.
Descansa tu frente sabiendo quién soy
Pues nuestro convenio tuvo ayer su fruto
De donde hoy saco sus mieles; mi don.

Con Amor y Gratitud; de tu hija

Rina A González

"Nadie se muere la víspera"
Para Tío Sergio

Desde que yo abrí los ojos
Tú has estado presente.
En mi infancia fuiste lo noble,
En mi invierno eres lo tierno.

Eres tú el más pequeño
De los hermanos de mi padre,
Quizás hoy estés pensando
Que pronto es tu tiempo de partir.

Y por eso la tristeza
Lleva tu alma al llanto.
Y mi pregunta es sencilla;
¿Si nadie se muere la víspera, porqué llorar?

Nadie se muere la víspera
Todo llega a su momento.
Naciste cuando naciste,
Y el morir es algo igual.

No pongas tristeza en algo
Que es parte de quiénes somos,
Pues el espíritu no nace
Y es siempre inmortal.

Todos traemos lecciones
Que debemos de aprender
Y siempre encontraremos
Quién nos tienda la mano.

El error es en pensar
Que sufrir es lo normal.
Pues que yo sepa, mi Dios
No sembró calamidad.

Provocativa y Serena

Somos maestros
Los unos de los otros.
Es hora de que despiertes
Y te veas como tal.

Pues eres dotado de dones
Que tu mismo desconoces.
Es hora de que no sufras
Y seas libre de este mal.

El pensar que se aproxima
El día en que partiremos
Es negar el estar vivos
Y no disfrutar, ni amar.

Si supieras lo que haces
Cuando derramas tus lágrimas
¿Porqué extrañas los ausentes,
Cuando presentes siempre están?

Pues si de algo estoy segura
Es que el velo que nos separa
El bien fino, delicado
Y se puede traspasar.

Lo único que se pierde
Es la forma del cuerpo,
Más lo que nunca ha nacido
No muere ni morirá.

Por no comprender quiénes somos
Marchitamos nuestras vidas,
Al pensar en cosas tristes
Y por darnos al sufrir.

Y hoy yo te pregunto
Si tus lágrimas son costumbre
Que se han convertido en algo
Ya difícil de quitar.

Rina A González

Las lágrimas te marchitan
Y tu alma es abatida.
Merman las posibilidades
De estar en paz y ser feliz.

Cuando sientas la tristeza
O el deseo de llorar
Recuerda que no eres tú;
Sonríe a la vida y verás.

Pues muy pronto lo deseos
De llorar en ti terminan
Ya todo lo inexistente
Aquí terminar.

Verás que toda pregunta
Tiene en ella su respuesta
Ya que todo lo que es
Tiene motivo de ser.

Aún cuando lo que pasa
No sea de nuestro agrado
Podrás ver la gran lección
Detrás de su palidez.

El sufrir que hoy te abate
Se convertirá en elogio
De un ser que ama constante
De un ser que no pierde la fe.

Busca en ti el gran tesoro
Que se encuentra en el silencio
No en tus pensamientos
Que te llevan al llorar.

El alma te da el saber,
El pensamiento te abate.
¿Dime mi querido Tío
Cuál de los dos es el fiel?

Provocativa y Serena

En ese tu corazón
Guardas amor para todos
A través de esta tu vida
Tu constancia es sin igual.

¿Más hoy yo te pregunto
Porqué te niegas el ver
Que necesitas amar
El aroma de tu ser?

No hay casualidad alguna
En que tú estés presente
La evidencia es concreta
Pues aún estas aquí.

Los que se fueron delante
Terminaron su convenio
Y nos toca a los que quedamos
Aprender el ser feliz.

Se feliz, no llores más.
Disfruta cada segundo
Y verás que con los días
Lo que extraña viene a ti.

Como un regalo hermoso
Que nace de lo más hondo;
De lo noble de tu alma,
De lo tierno del sentir.

Con cariños, tu sobrina

Para Mimi

A lo bello de tu alegre risa

De todos los dones que sé poseo
Hay algo tuyo en mi sentir
Que como elogio llevo prendido
En esta mi alma, es tu reír.

Nuestro destino fue el empresario
De los trayectos que ya viví.
Y veo el rudo camino recto
Por las pasiones que hay en ti.

Guardas latente inspiraciones
De los caprichos que ya se van
Al ataúd de los lamentos
Que anclar mi vida sin más afán.

Tú persististe en darme rumbo
Dándome aliento para seguir.
Fue cuando vi tus lindos dones
Latente, impresos en mi sentir.

Fue predicho que esto así fuera.
Que estés conmigo y seas fiel
A mi esperanza, gran consejera.
Hoy das tu toque a mi nivel.

Siento tu risa abrir los ojos
De los que temen el despertar.
Y veo al mundo abrir los ojos
A nuestro idilio y a nuestro amar.

Con amor y gratitud, de tu nieta.

Para mis Hijos

Silvia

La ilusión de una madre es saber que su hija
Será firme en pureza,
Cuán grande o espeso se encuentre el camino.
Que al pasar los días te vuelvas prudente
Y lo que pensaste tedioso lo veas con suerte.
Verme como amiga en dónde confiar;
Olvidarlo todo. Saber perdonar.

Rolando

Un alma especial con dones,
Que altera y provoca acciones.
Alto como un pino, suave tu mirar.
Pobres muchachitas, las veo muy mal.

Sergio Miguel

Pequeño que llena mi alma de alegaría y fortaleza.
Dulzura sin par, amor sin igual.
Mi amor te doy hoy, querido niñito mío.

Provocativa y Serena

Tercera Parte

"Poesías Escogidas"

Inspiraciones Románticas

En Orden Alfabético

Rina A González

A Tu Lado

Voy a inventar algo distinto para ti
Con mis llamas renacida por tus besos.
Voy a cambiar tu embriaguez a plenitud
Para ver cómo brota, como un verso.

Voy acariciar tu cuerpo y alma
Abatidos por los años y el descuido.
Voy a despertar en ti el gran soñar,
De querer tener mis besos y mis mimos.

Voy a colmarte de mi frenesí.
Impregnaré tu vida de dulzura.
Voy aprender nuevas cosas junto a ti
Y llenar tu cuerpo de ternura.

Voy a seducir tu cuerpo
Con toques mágicos que despierte el alma.
Y dejar que ellas se entrelacen
Al vaivén de las luces del encanto.

Voy a saciar este tierno amor
Que nació un día en primavera.
El cuál me concedió sentir tu ardor,
Cuando tu cuerpo despertó entre la espuma.

A Un Desconocido

No sé quién eres
Y a la vez presiento
Que tu llegada a mi vida
Ha de cambiar lo triste en alegría.

Nada sé de ti, y sé, pues ya comento
Cuán hermoso ha de ser el día
En el cual tomes mis manos en las tuyas
Y hagamos contacto en eterna armonía.

No sé si eres opuesto y esbelto
O si las canas cubren ya tus sienes.
Sé que la dulzura baña tu faz
Y que has de comprender mi gran anhelo.

Sé que eres así, pues así te siento.
Sé que a tu llegada has de adornar mi sentir
Dando aliento sin igual a mi embeleso;
Dando dirección a nuestro amor y así vivir.

Rina A González

Ajena el Alma

¿A dónde vas? ¿De dónde vienes?
Al puente ancho te vi correr.
Y las gaviotas te saludaban
Y tú jugabas con mi querer.

¿Por qué te apuras? ¡Respira el aire!
Tómate el tiempo, ven junto a mí.
Dame el regalo que tanto anhelo
Y por motivos, ajena el alma,
Sin recompensa te vi partir.

Ajena el alma de sus virtudes
Di de mi amor sin comprender,
Que mi más hondo dolor fue el ver
Que nunca supiste lo que te di.

Sin percatarte de mi entusiasmo
Diste limosna al corazón.
Yo di todas mis plenitudes,
Y tú, transformas mi día en gris.

Nunca supiste de mis lamentos
Cuando en silencio te vi partir,
Junto a la barca del desafió.
Se fue tu alma y tu porvenir.

Ajena el alma ¡Cuánto te quise!
Y aunque aún duele te vengo a ver
Para mostrar que soy quién dije;
Y sin rencor, sé yo perder.

El episodio de ayer hoy muere,
Lento en pedazos atrás quedo.
Hoy mi alma sabe el secreto
De amar al alba al amanecer.

Amante

Recuerda la dulzura de mis besos.
Ven a mí, amante como ayer.
Déjame saciar los deseos de tenerte
Y de verte como solíamos hacer.

La añoranza que siento hoy me invade
Y aún decides no ceder
Da paso a tu naturaleza
Que es la mía, y la de ayer.

Recuerda que yo sé quién eres
Y por mucho que trates no podrás
Ocultar que sí me necesitas.
Ven, dadme de tus besos otra vez.

Rina A González

Ansias para recordar

Recuerdo las ansias de vestir de lino
Y poner perfume al dulce pensar.
Recuerdo los días que hoy ya son noches.
Recuerdo tus besos; recuerdo tu amar.

Recuerdo el paseo, caminar, rutina
Que a solas solíamos frecuentar.
Recuerdo tu mano al tocar la mía;
Las ansias de ayer que muertas no están.

Recuerdo las charlas
Que en horas discretas solíamos tener.
Recuerdo lo dulce que fue ser querida
Y protegida por tu amante ser.

Y cuando recuerdo mis ansias calladas
Voy recordando lo mucho que di.
Y ese gran recuerdo de mis ansias locas
Me dan la ilusión de volver a sentir.

Aplausos

Déjame explicarte lo que siento;
Estoy dolida.
No es humillación ni descontento.
Es sólo saber que como ególatra al fin
Tomaste mis poemas por sutil
Sin saber hallar su pensamiento.

Déjame decirte algo más.
El dolor que siento es por ti,
Pues tú nunca, ahora lo comprendo,
Podrás llegar a dar lo que un día
Fue mi existencia de hoy; y me contento.

El poema escrito que disfrutas a escondidas
No fue escrito al hombre que galán
Y seductor se considera.
Fue al ser que habita en ti
Que me permitió poder ver a mis quimeras lograr
Con raudo vuelo su alcance
Y concebir que existieran.

Por ello te doy las gracias
Y en deuda me considero.
Pero repito no al galán, sino a tu alma
Que sin saberlo toco la mía
Y un aplauso brotó de lo que siempre
En discreción fue mi alegría.

Junto a mis triunfos y los aplausos
Estarás tú, como dolor prendido.
Quizás yo pensé que un ser tan noble
Pudiera comprender mis versos;
Pero tu amor propio conquistó tu alma,
Mas la mía no tiene paralelo.

Rina A González

Aún Recuerdo

Aún recuerdo los besos que te di.
Están gravados en esta mi memoria.
Aún recuerdo el bello amanecer
Entre tus brazos, besando esa tu boca.

Tus labios son como la miel
Que brota del panal del mediodía.
Despiertas los deseos de vivir
En esta mi alma que alegre sonreía.

Eres como la suave melodía
Que brota del fondo de la imaginación.
Eres la pasión de la canción
Locura fugaz de nuestro encuentro.

Eres la danza de las aves
Que tras ilusiones se dan al amar.
Eres, la imagen que llevo
Prendida del alma cuando voy al mar.

Recuerdo cuando al tocar mi pecho
Con ojos cerrados mi rostro cambio.
Y aún tengo preso, en esta mi mente,
La primera noche que te di mi amor.

Y de vez en cuando veo nuestros cuerpos
Navegar en busca del grato placer.
El cuál encontraba al besar tus labios
Al tocar tu cuerpo y templar feliz.

¡Momentos pasados!
¡Recuerdos que no tienen fin!

Carta a un amor perdido

Querida Obstinación:

Quiero que sepas que al pasar los días
Cuando más alegre me debo de sentir,
El recuerdo insano de saber lo mucho
Que te quise, me hace sentirme vil.

Lo muy compartido que fueron tus besos
Y hoy, en la distancia me pongo a pensar
¿A quién yo besaba y qué tú sentías?
Mentías entonces y mientes al fin.

Obstinarte eres,
Pues sé lo que fue mi vida junto a ti.
Y ese recuerdo insano
Es el que impide que piense en otro
Que me pueda hacer feliz.

Algún día, yo sé ese otro ha de llegar
Y como hoy escribí esta carta
Volveré a sentarme para dedicarte los
Últimos versos del amor que fui.

Obstinarte eres, absurda yo fui.

Cesen mis noches de soledad

De que me vale quererte tanto
Si hoy me duele el recordar,
Que mi pecho late al oír el llanto
De esta mi alma en la soledad.

El frío invade este mi pecho
Al ver pasar el duro fin.
Y como este mi triste lecho
Sola he quedado sin tu sentir.

Como el trigo en la cosecha
Pierde la flor que dio su espiga.
Así recuerdo haberte amado
Sin egoísmos, por ser mi vida.

Prendida de su fruto
Quiso la flor dejar perder;
Y junto a esa tierna figura
Tuvo de nuevo flora a su haber.

De que me vale el quererte tanto
Pues te diría que al percibir
Tu grata esencia perenne llevo
En esta mi alma y mi sentir.

Y aunque borrar traté la herida
Este amor nuestro no tiene fin.
Triste paso estos mis días,
Y estas mi noches sin porvenir.

Estos recuerdos de nuestro idilio
Forman hoy parte de mi razón.
Amarte supe, amarte puedo.
Vuelvo a quererte con mi pasión.

Provocativa y Serena

Estas mis noches de mis caprichos
La luna invade al dar su tul.
Y los dos cuerpos que fueron uno
Las almas unen al ver su luz.

Estas mis noches no las censures
Algún prodigio tiene que haber,
Ese milagro que se efectúa
Dando comienzo al amanecer.

Y al ver los rayos de luz candente
Cuando penetran por mi lumbral,
Ver esos sueños de estas mis noches,
Que hoy se convierten en realidad.

Amarte sólo, como ayer te quise,
Poniendo en ara la eternidad.
Y al comprender que soy tu vida,
Cesen mis noches de soledad.

Como Pergamino

Como pergamino que habita en mi mente
Una nueva grata te vengo yo a dar.
Algo que me viene del hondo deseo
De dar mi ternura al dar de mi amar.

Como pergamino, mi papel desdoblo
Y sus notas suaves ya vienen de atrás.
Recuerdos, deseos de algo muy noble,
Su esencia en mi ser, prendidas ya están.

Y como recuerdo de mi breve estancia
A tu embeleso vine yo a dar,
Un mayor motivo de amor que no muere;
Una mano amiga y una hermandad.

Como pergamino hoy a ti ofrezco
Mis lindos deseos de amor y de paz.
Lo que te deseo; mi mayor anhelo,
Que todas tus penas se queden detrás.

¡Como tierna flor!

¿Por qué,
Con cada atardecer la vida me parece encanto?
¿Por qué,
El amigo tomeguín apacigua mi alma con su canto?
¿Por qué
El río en su afán provoca mi mente al pasar?
Tal como si entendiera mi noble pensar.

¿Por qué,
El reloj marca tan lento el tiempo del no saber?
¿Por qué,
Las horas hoy se convierten
En plegaria por mi amado ser?
Cuando todo lo que anhelo y necesito
Es sentir tu calor cerca de mí.
Esto será lo suficiente para recordar
Las delicias que es vivir.

He estado esperando tú llegada,
Hombre varonil, mi genio alteras;
Despertando pasiones en mi hoguera
Y deseando convertirlas en fértil.

Eres del amor, su suave anhelo.
Eres del sentir la inspiración.
Eres dulce amor un universo
Que hoy se habré como tierna flor.

Con dulce nostalgia comprendo el porqué

Mi alma recuerda momentos pasados,
Con dulce nostalgia comprendo el porqué.
Te veo en la rosa que hoy se engalana
Dando de su aroma a mi amante ser.

Comprendo el porqué y las muchas razones,
Comprendo que ayer callar preferí.
Comprendo que quise soñar tus ensueños.
Lo comprendo todo y sé ser feliz.

Un día tras otro fuimos haciendo
De nuestro idilio un manantial.
Y así caminaba el duro camino
Que diera a mis sueños su tempestad.

Los días se fueron volviendo grises
Y aún creíamos todo igual.
Y nuestra pasión se fue muriendo
Junto a la roca del litoral.

He comprendido que quise soñarte
Como algo mió, sin poder pagar,
El precio tan alto que llevas prendido
De esa tu vida por tu insano afán.

Si de las cenizas que ayer fueron llamas
Pudiera hoy de ellas volver a empezar,
He comprendido que nunca fui tuya
Y que tú nunca entendiste mi gran ideal.

Mi alma recuerda momentos pasados.
Con dulce nostalgia comprendo el porqué.
Te veo en la rosa que hoy se engalana
Y brinda su aroma sin saber porqué.

Confianza

¿Qué es esto que siento;
Este dolor que me quema por dentro?
¿Este sentir repetido agudo, incierto?
¿Este latir de mi alma, queja oprimida; lamento?

¡Confianza!
Si yo pudiera saber dónde te fuiste te buscaría.
Si yo supiera dónde te escondes te hallaría;
Pues necesito tu presencia hoy conmigo,
Tanto, como al aire que respiro.

En silencio guardo el saber
Que mi aposento ya no visitas.
Aquel, que por amor le di todo,
A cambio de nada.
Hoy me doy de risa.

¡Creer!   ¿A quién? ¿En qué?
¡Desear!   ¿Qué cosa?
¡Amar!   Quizás las rosas.
¿Soñar?   Inútilmente a un amor perdido.
¿Confiar?
Lo que más duele, lo que más añoro sentir de nuevo!

Sé que un día he de volver amar
Como reconozco que deseo ser amada.
Pero el deseo de tenerte junto a mí
No me deja ver que ya estoy hastiada.

Deseos

Siento el deseo de escribirte ésta
Y que la musa tome mi delirio en mente,
Y expresar lo que siento y necesito
Al verte tan distante y no tenerte.

Ver amanecer entre tus brazos
Besando esos tus labios como ayer,
Y los cuerpos que aún se necesitan
Hagan su delirio, como lirios renacer.

Que pase el día, y aún la noche
Que fue testigo de nuestro amor
Nos acaricie al dulce encuentro
Y le sonría al amanecer.

La favorita flor que no marchita,
No pierde aroma ni su matiz pierde,
Pues como reina del jardín se encierra
Poseedora de la luz,

Que hizo que sus pétalos se abrieran
Olvidando dolores y quimeras,
Reproches de un pasado que hoy vuelan
Como despedida junto al viento
Y da inmortalidad a la postrera.

Quizás hoy, si lees ésta
Y nuestros pasos vuelven a su encuentro
No temerosa, ni con reproches,
Pueda decirte, cuánto te quiero.

Destierro

En el destierro de mis pasiones
Cuando despierta debía estar
El sólo recuerdo de haberte amado
Hace que duerma y vuelva atrás.

Este destierro que me he impuesto
Como castigo por tu querer,
Es lo que no me deja cambiar mi vida.
Por no aceptar y dejar ir.

Este destierro no tiene rumbo.
Como veleta al mar se va.
Pobre destierro de mis pasiones.
Despierta altiva, muerta no estás.

Escena de Amor

Justamente ahora que todo termina
Es que el alba llega con su melodía.
Ayer, cuando quise cantar no podía
Y ahora, no sé si pudiera, tal vez ni tratar.

Más como se trata de ver si se puede
Trataré de ver si puedo entonar
He de recordar la canción de antaño
Cuando era joven y sabía amar.

Como el libreto es un melodrama
Actuación requiere; es lenta y fugaz.
Más recuerdo días donde las gaviotas
Bailaban su danza sin saber bailar.

Y esa amapola de rojo carmín
Que adornó mi pelo lozano y hermoso,
Hoy esta en mi mano y veo su amor.
Ayer cuando niña, veía su ardor.

Todo lo que pasa por algo ha de ser.
Más a veces pienso que la vida comienza al revés,
Pues la controversia de llegar a viejo
Es que la mente falta; ¿y el cuerpo? Ni hablemos.

Lo único bueno que tienen los años
Es que la vida se mira de otra manera.
Antes yo corría para pronto llegar.
Cuando se es más viejo; mejor descansar.

Recuerdo que en mi juventud
La vida la hice difícil, insegura.
Gracias doy al fin pues he comprendido
Que la vida es fácil, tierna y segura.

Provocativa y Serena

Ayer, si hubiese podido volar bien alto,
Allá me hubiese ido en un segundo.
Hoy, me quedo en casa
Y desde ahí observo a los jóvenes en su noble intento.

Como si el invierno fuera dulce miel
Me llegó la hora de la madurez.
Hoy veo el ayer de otro color;
Menos doloroso pues veo el amor.

He llagado a entender
Que no importa lo ya vivido.
Pues lo único que tiene validez
Es haber amado, aprender y reído.

Más he de intentar cantar la canción,
La que yo cantara cuando era joven.
Y si bien recuerdo, era de pasión.
Pasión de la noble; esa es mi canción

Enigma

Por tratar de entender como tú eres
Puse paro a mis deseos; fui al naufragio.
Y llegué a comprender que no es posible
Vivir la vida basada en engaños.

En busca de anhelos que no eran los míos
Busqué en tu imagen el cielo y en el mar.
Para al fin ver en estos esqueletos
Que por poco muero sin saber nadar.

Deseando ser tu idilio
Di de mi alma y también el corazón.
En pedazos devuelves lo que un día te di
Impregnados de mentiras y tu sinsabor.

Sin comprender lo que tú anhelabas,
Sin poder saber lo que tú escondes,
Vi a mis ansias volverse casi huecas
Como los huesos fríos de ese escombro.

Esperé milagros, ahora lo comprendo;
Pues al menos deseaba yo lograr,
Entender por qué al decir que te quería
Tu mirada no dejaba de lejos estar.

Acaricié tu cara al ver el gran letargo,
Pensando quitar la triste realidad.
Ahora comprendo que tu gran secreto
Fue que nunca me quisiste; ni querrás.

Pensé que quizás deseabas un beso,
Con locas ansias te volví a besar.
Y cuando creía que tu pasión era mía
Tus besos ausentes, vacía quedé.

Provocativa y Serena

Creía poder satisfacer tus ansias.
Y a ese, tu fuego, saciar pretendí.
Pero hoy comprendo que nunca te tuve.
Pretendí quererte. ¡Qué tonta yo fui!

Tu recuerdo vive en esta mi mente,
Recordando lo que quisimos lograr.
Y un deseo lejano aún hoy se empeña
En cosas absurdas, como lo es soñar.

Eres el enigma que nunca he entendido.
Nunca pude razonar tu forma de actuar.
Y aún, hoy comprendo que acepte migajas,
A cambio de lo dulce que fue mi manjar.

Rina A González

Estas, nuestras noches

La brisa fría baña mi esqueleto
Despertando alientos que creí perder.
Donde las horas del silencio hoy reclaman
El profundo secreto de mi amor por ti.

Las aguas pasan por este cuerpo mío
Donde tu indolencia fue mi padecer.
Hoy sueño que estás en la llanura
Más cuando despierto, te veo en el vergel.

Te quise sí, y aún no concibo
Cómo pude quererte después de saber,
Que nunca me distes más que tus enojos.
Garabato ausente del amor que amé.

Sé que mi alma pertenece al viento
Como la gaviota que sigue su luz.
Ya todo ha cambiado. Ya todo termina.
No puedo quererte, llegó al fin tu fin.

Más puedo recordar nuestro comienzo
Como la verbena en el mes de abril.
Donde ambos queríamos amarnos;
Más sólo se ama, cuando se es feliz.

Este Comienzo

Lo que a ti te pasa me sucede a mí
Los mismos deseos nos unen de amar.
Deseos de amar la dulce quimera
Dando de su encanto y de sus hermandad.

Ser como tal somos, dar de nuestro ser.
Dar de lo que brota del noble sentir
Que como manantial se viste de gala
Y de sus ofrendas brota el porvenir.

Mirando tus ojos tu alma se asoma
Su grato reflejo, ya veo el perfil.
Amamos lo mismo; lo puro, lo bueno.
Eres lo sincero que albergo yo en mí.

Con este comienzo
Llega ya el amanecer
Dando de sus rayos de luz,
De amor, de paz.

Ilumina mi alma, rayos de amor;
Domina mi mente,
Quítale el furor
Y deja que lo puro venga del amor.

Veo allá a lo lejos a mi amiga Luna
Poniendo el marco a mi tierna flor.
Y va alimentando con su poderío
A sus tiernos pétalos y a mi corazón.

Qué de este comienzo nazca el horizonte.
Qué la luz radiante se convierta en paz.
Qué la chispa divina se convierta en dicha
Y me otorgue amor y felicidad.

Idolatría

Cuán linda flor entusiasmada
Con ilusiones aún por vivir
Perdí el juicio en la tormenta
Que brumas trajo a mi sentir.

Suena la lluvia en la ventana
Y tras de ellas el ventaron
Que apresurados vienen a verme
Para anunciar mi redención.

Trae presumida el conocimiento
Que va alegrando mi corazón
Pues sé que cerca, cerca, muy cerca
Esta el tesoro de mi razón.

Cuando de niña pensé en juguetes
Cuando doncella en una flor.
Y hoy despierta vivo soñando
Con tu llegada, ¡cuánta emoción!

Viví en espera del dulce sueño
Que añorase por mi calor.
Llegaste tú o dulce encuentro
Tornando esquema en mi razón.

Sé que tu nombre, el cual pronuncio
Es como un verso de ilusión
Que da perfume a mi rica esencia.
Tocas y adornas mi corazón.

Como las mieles, casi silvestres
Así penetras todo mi ser.
Y así, suspiro hoy quedamente
Amado mió por tu querer.

Provocativa y Serena

Cuando la lluvia pare su furia
Y la tormenta pierda el vigor
Sé que tu aroma ha de envolverme
Dando armonía a mi razón.

Siento tus pasos cerca, muy cerca;
Tras la ventana que ya se abrió.
Pronto te tengo entre mis brazos
Como los pétalos de esta flor.

Idolatría del mes de mayo
Iluso sueño de mi razón.
Quise amar mucho; mi dulce espina,
Te tengo impreso en mi corazón.

Intentaré

Intentaré que así me necesites.
He de intentar que así me quieras.
Intentaré que el beso que me das
Sea el único que en tu mente habite.

Intentaré que de lo sublime
En sueños vernos ir junto a la mar
Y ver la gaviota tomar su vuelo
Y quererte en silencio; y nada más.

Intentaré que del dolor que sufres
Sus huellas sanar poder así
Y no vaciles en decirme luego
Los deseos que tienes tú de mí.

Intentaré que en nuestro escenario
Templo discreto de nuestro amor
Las margaritas y las azucenas
Pongan su aroma en nuestro rincón.

Y así, nuestra fragancia sube a los cielos
Y queda impreso en el velo azul.
La melodía que hoy entono
Es la gaviota de plenitud.

Miles de sueños que compartimos
Hoy se deslizan por el papel.
Toman figura al hacer mis versos
Las mil pasiones de mi vergel.

Y así, perder la noción del tiempo;
La espera aguda llegó a su fin.
He de intentar de nuevo
Que nuestro encuentro sea el porvenir.

La Ninfa

La suave brisa baña mi esqueleto
Despertando aliento que creía ya perdido,
Donde la espera hoy se desvanece
Y el aliento penetra mi alma que dormía.

Ayer la niebla no dejo que tú me llegaras
A la ninfa que te ama a plena dicha.
En hondas aguas te di de mí soñar
Y te entregué mi amar sin las espinas.

En aguas de embriaguez fuimos a dar
Tomando aliento de este nuestro idilio.
Y hoy al ver que todo terminó
A duras penas recuerdo a ese niño.

La corriente de las aguas terminó;
Más la memoria impregnada quedó presa
Entre el recordar lo que pasó
Y lo que mi mente deseo fuera mi suerte.

Hoy, sólo me queda el pretender
Que fuiste un sueño que nunca exististe.
Me duele ver tu ingrato proceder
Sabiendo que mi sueño tiene cicatrices.

Hubo un tiempo, te confieso que espere
Tu llegada triunfal entre la bruma.
Más, he llegado a comprender
Que tú eres la niebla y la espuma.

Al fin, llega la triste realidad
Al verme convertida en la mendiga;
De esas, tus caricias que no sabes dar
Y tus palabras, vanas cuál mentira.

Rina A González

Alzo mis ojos para ver los cielos.
Veo volar las lindas codornices.
Desprendí de mi pecho tu ardor.
Arranque con mis manos sus raíces.

Y así, el dolor es transformado
A escritura que brota de mis venas.
Y la ninfa, resplandece a la luz
De mi inspiración y de mi amiga Luna.

La Pluma

Hoy, al recordar lo ya vivido
Veo renglones escritos sobre ti,
Y de ellos salen los colores tenues
De mi alma pura y del amor que di.

Tomé el jazmín que me dio su esencia
Y veo su néctar limpiar mi sentir.
Y así, voy sanando aquellos encuentros
Que aún hoy recuerdo, del amor que di.

Veo mi sangre cómo se derrama
Sobre los escritos del pasado fiel.
Habla de pasiones y de los momentos
Que impresos quedan en este papel.

Las nubes blancas de esta mi mente
Refrescan ya lo que ayer viví.
Y hoy me devuelven el pañuelo blanco.
El pañuelo blanco de mi amor por ti.

Dejo que la pluma continúe escribiendo
Pues ella sabe de mi gran sentir.
Del gran dolor que tuve en mi pecho
El cuál ya murió. ¡Todo tiene fin!

Y esta, mi sangre que brota cual burbuja
Es la tinta que fluye en este papel.
Y este crepúsculo de mi lamento
Hoy me devuelve las ansias del ser.

Rina A González

La Tormenta esta en tu Mente

Cosas pasadas, duras y tristes,
Pero pasadas vuelven a mí.
Ya no censuro los procederes
Ni especulo cuál fue su fin.

A duras penas puedo alegrarme
De que aún vivo y creo en mí.
Si fue delirio o fue un capricho
Lo que me impuse; que más ya da.

Si la comedia cambió colores
Y aún sin brillo yo quise amar;
¿Por qué las quejas y los reproches?
¿No somos iguales? ¡Fatalidad!

La tormenta esta en tu mente, no en la mía.
Indecisiones que te llevan al final.
Quise quererte como algo mió,
Y solo pude, querer amar.

Las noches de Dios

Capullo de mis pasiones,
Embriaguez del corazón;
Sufro en silencio mi pena
De amar las noches de Dios.

Deseos de mi alma, calla.
No prolongues mi dolor.
Pon quietud a esta mi mente
Apagando mi pasión.

Dejar que el letargo manso
De ver la verde pradera
Traiga mejores contentos,
A las noches de mis penas.

Mirando al cielo comprendo
El embelezo del canto.
Con mieles tiernas preparo
Los placeres de mi campo.

Soy débil sí;
Y si ello fuera motivo de reproche,
Entonces debo culpar al mismo Dios
Por habernos dado sus días, y sus noches.

Lo que Dios creó y llamó bueno
Hoy se torna en pecado capital.
No me culpen a mí, yo soy humana
Y mis ansias de amar las debo al mar.

Llámenme pecadora de la carne si prefieren,
Cúlpenme de ser sensual y de sentir.
¿Pero cómo poder tener su figura
En mi presencia, y no latir?

Rina A González

Permití que mi vida palpitase
Por ensueños diáfanos de amor,
Al contemplar una rosa en la mañana
Y compararla con un día de esplendor.

De noche, cuando te recuerdo
Veo que fue Dios quién te creó sublime.
Suspiro amor, por ya tener pasión
En esta mi vida. ¡Simplemente, suspiro!

Pues si pecado es entregarme por amor
Y sentir en mi cuerpo tu delirio,
Más pecado debe ser fingir
Y morir lentamente, sin alivio.

Lo Mucho Que Quise

Al saber que tu amor se fue al naufragio
Entre mis dedos como tierna flor
Desee dar paz a esta mi alma
Olvidando las noches de tu gran amor.

Hoy me siento triste al ver que fui
Solo un antojo de tu mente vana.
Sin importarte que yo pudiera sufrir;
Sin darte cuenta que mi vida era clara.

Y así, me aquieto para recordar
Todo momento de nuestro afán.
Donde creí que tú eras el dueño
De este mi idilio y de mi soñar.

Lo que compartimos en otros momentos
Placentero idilio que supiste finger.
Hoy, al comprender los hechos
Veo que tu rostro si sabe mentir.

Nada me distes; ya hoy lo comprendo.
Eso que hay en ti, es falsa vanidad.
Mucho de nada es lo que recuerdo;
¿Más cómo del vacío se puede dar más?

Nunca me diste de tus pasiones
Hoy veo que el alma no sabe mentir
Pues si no sentimos lo que profesamos
Tarde o temprano la verdad a de salir.

Libre es el aire; no tiene fronteras.
Y libre soy yo para ser feliz.
Para hacer de mi vida clara corriente
Y cambiar mi rumbo sin pensar en ti.

Rina A González

Ya perdí el miedo a tu dulce emblema,
Pues hoy ya comprendo que bendito fue
El momento ingrato donde te perdiera.
Me distes el logro de creer en mí.

Al pasar el tiempo veo que gané.
Todo lo que quise lograr ya está a mis pies.
Lo que yo deseaba ayer, hoy es mi lema;
Soy libre al fin; ¡se vivir sin ti!

Mi Soñar

Veo en tus ojos la pasión que un día
Diste a plena luz – en hora santa,
Como a pesar de todo aún germina
Y se convierte en dulzura y esperanza.

Esa tu pasión y tu dulzura
Apaciguan mi alma que en su afán
Crece, brilla, ama y como un verso
No pierde los deseos de así amar.

Hoy los caminos son fecundos.
Pasto verde es puesto ante el altar
Donde puse la oración como alabanza
Y hoy nos da su flor primaveral.

Sólo el destino sabe lo que viene
Yo sólo sé lo que siento y el porqué.
Nada pude hacer más que quererte,
Amarte, cada día, cada vez.

Verte de nuevo entusiasmado
Es ver tu gloria imparcial y fascinante.
Es ver tu ser profundo y delirante
Cuando habla quedo – a mi alma, cual amante.

Has despertado ilusiones ya dormidas
Y el deseo de tener la claridad
Para ver y entender cómo tú amas
Pues será comprender tu gran verdad.

Aquí, queda, aguardo tu llegada.
No la del hombre con fuego para dar.
Espero por tu alma, que es mi alma,
Espero por tu amor, que es mi gran soñar.

Para el que le sirva el sayo

Para el hombre de este mundo
Que dice que no hay mujeres buenas,
Mira derredor y contempla aquí una de ellas.

Para aquel que considera que su pico es de oro
Mira a tu derredor y comprende
Que ésta no cree en picos, ni en estrellas.

Creo en realidades no palabras,
Pues éstas se las lleva el viento.
Creo en emociones y pasiones
Que adornen mi vida con helechos.

Sueño con grandes ilusiones
Y sé que todo ha de venir.
Espero sólo lo bueno
Y sólo lo bueno vendrá ante mí.

Hoy te vi tal como eres
Ante mi pediendo ser tu ideal.
Me dio pena y no supe que decirte
Y por eso preferí callar.

Nadie puede dar lo que no tiene.
Hay que saber amar para tener.
El que espera de la nada sacar fruto
El invierno que le espera, ha de ser cruel.

Pesar

A cada rato sueño contigo
Con las pasiones que guardo en mí.
Estas pasiones ya se han perdido.
Están distantes y han de morir.

Si yo pudiera verte como antes
Y entre tus brazos hablar de amor,
Yo te diría cuánto te quiero
Y mi deseo de amar, amor.

Siento peso en mi pecho
De tus mentiras que veo al fin.
Yo quise amar tu raudo pensamiento,
Más tú conquista no llegó a mí.

Y aunque triste sea la verdad
Es preferible ésta que la gran derrota
De esperar que tú cambies de pensar
Cosa que veo difícil y peligrosa.

De repente despierto y puedo ver
Tus mentiras detrás del antifaz.
Papel que usarás cual rufián
Para robarme de mis noches con tu afán.

Veo el sueño lento como muere
Y pena hoy me das, te lo confieso.
Gracias; la comedia terminó
Y hoy puedo ver mi gran contento.

¿Qué Buscas?

No sé si alguna vez llegará ésta a tus manos
Y puedas deleitarte con mi amor impreso aquí.
Pero hoy necesito derramar mi alma queda
Al decirte lo que siento y veo en ti.

Lo que tu buscabas ayer ya es sabido.
Sin palabra alguna supe yo entender.
Recuerda que el pasado hoy aspiras
Y como helecho fue enterrado en mi vergel.

Hoy veo en ti la marca
De la amargura que da la traición.
Pues de sólo haber sido sincero
Tendrías a la mujer y no el error.

Hoy al verte, veo tu amargura
Y tus pensamientos son negros igual.
¿Cómo es posible que un día te quise
Y pensé, que sin ti iba a naufragar?

¿Dónde está la alegría que un día te diera?
¿Qué pasó con todo lo que prometimos?
Las palabras se las lleva el viento
¿Cambiamos los dos; crecimos o nos fuimos?

Tengo que decirte que cuando te vi
Sentí una tristeza en mi corazón,
Pues no concebía que fueras el mismo
Que años atrás le diera mi amor.

Al verte hoy, no vi a el hombre que seguro se cría
Ni al galán creyente en su conquista.
Fue al esqueleto de tu gran dolor
Que camina y habla, pero no germina.

Provocativa y Serena

Con el dolor de saber lo ya perdido
Mire en tu pecho y allí descubrí
Todas las notas de quejas y reproches
Que vas tejiendo con baladas para mí.

Erguido el rostro ante esta tu ignorancia
Tu gran verbena comienza su función.
Y así derramas las miles elocuencias
Todas vacías como un negro nubarrón.

Sin tener quién te dé una caricia
Miras la vida ausente de matiz.
Crees que nadie se percata de que sufres
Y te niegas a ti mismo el sentir.

Todo terminó aquella noche.
Mis sueños se quedaron sin sabor.
Se fue rompiendo mi amor entre la espuma
Sobre las rocas del mismo mar azul.

No sé ni entiendo lo que buscas.
No sé si me interesa ni intentar.
Sé que buscas algo, más te digo
Que lo nuestro murió, años atrás.

Rina A González

¿Que es Amor?

Amor es lo noble que llevamos dentro
No en las palabras que solemos decir.
Sentimos lo tierno cuando por un beso
Respiramos profundo para no morir.

Nace del hondo sentir de lo nuestro,
Entraña que llama como manantial.
La patria, bandera, hermano, consuelo.
Amor es lo digno en saber vivir.

Amor es ver como el nido vacío
Aún guarda el perfume que ayer yo le di.
Y aquí, en mi memoria prendido los llevo
Tu grato perfume, mi idilio por ti.

Amor es dar todo a cambio de nada
Con manos vacías volver a empezar.
Y creer que todo lo dado es un verso
Que quedan impreso en mi frenesí.

El roció llega con la dulce espera
Y el alba derrama su noble embriaguez.
Y así me domina el querer decirte
Que mi amor no muere, ni puede morir.

Los pétalos caen de mi mano inerte.
La tierra se llena de lo que ayer fue flor.
Y así, hoy concibo volver a tenerte
En esta mi vida, como tierno amor.

Hoy veo el retoño de mis pensamientos
Dando los elogios del amor que doy.
Y veo bien claro que nada ha cambiado
¿Qué es el amor? Lo que digo y soy.

Renacimiento

Ahora que todo ha terminado
Con claridad observo el panorama,
Es cuando puedo ver el tiempo que perdí,
Y es cuando mi alma renace entusiasmada.

Veo que culpar a nadie puedo
Pues fui yo la única que permití,
Que tú jugaste con mi inocencia.
Hoy veo que yo te consentí.

Veo las causas y el tiempo ya perdido
Fervientes sirvientes que yo fabrique.
Con mis pensamientos confusos y absurdos,
Que le diera alimento a mi amor por ti.

Mantuve mi mente presa en tu quebranto.
Creía fielmente en tu gran querer.
Y ahora a solas veo mi lamento;
Ilusa mi mente; en vano te amé.

Atada a la vera de mi gran porfía
Aún pretendía querer sólo a ti.
Hoy veo mi tesoro oculto en las ruinas;
Me llevaste al vicio de la esclavitud.

Cuando comprendí lo que había hecho
Con darle aliento a lo no real,
Fui hacia la esencia que llevo prendida
En esta mi alma, como manantial.

Como manantial que nunca termina
Es ella mi fuente y mi renacer.
Las fuerzas que limpian toda mi existencia
Como noble amar de un dulce querer.

A mi llegada vi que mi alma
Estaba en espera de mí renacer.
Ella ya sabía que pronto volvía,
Le di mi palabra de niña a mujer.

En ella derramé todos mis dolores.
Minuciosamente le hablé de mi amor.
Y ella derramaba de su rica esencia
En esta mi frente calmando el dolor.

Viendo su comienzo llegó el final
Estando en sus brazos mi vida cambió.
Y me percaté de algo curioso,
La vida en bella y llena de amor.

La vida es la que nos da los sueños.
Es un sortilegio; es un verso en flor.
Y en cada momento recordar que somos
Renacimiento, embeleso, suspiro y amor.

Sabré Yo

Sabré yo guardar, amor
Los secretos del idilio
Cuando tocas mi corpiño
Y me siento fallecer.

Sabré poner lienzo fresco
Para pintar los colores
De esta nueva poesía,
Que brotan de mis pulmones.

Sabré yo amar las noches
Y de día recordar.
Sabré querer tu embeleso
Y dar de mi tierno amar.

Y esta mi mano que toca
Esos tus labios dormidos,
Sabrán despertar tu amor
Soñando sueños que nunca olvido.

Sabré yo recordar
Cuando el cuerpo no tenga brío.
Sabré dar de mi sentir
Sin olvidar lo vivido.

Y cuando llegue el otoño
Sabré poner rica miel
En este mi pensamiento
Para amarte así, otra vez.

Sabré guardar el secreto
De tu alma cuando duerme.
Sabré guardar tu silencio,
Cuando despierto caminas.

Sabré entender el porqué
No hay risa hoy en tu rostro.
Sabré entender tu porfía
Y por qué eres vanidoso.

Suave es tu sonrisa
Y grato el despertar.
Cuando me das los buenos días
Amanezco, dulce amar.

Bello es el firmamento
Y las estrellas que veo.
Sus luces me van llevando
A las mansiones del fuego.

Pues en tu dulce entrega
Yo tengo tu manantial
De perfumes y aguas plenas,
Donde me doy al amar.

Y así, al pasar el tiempo
Nuestro amor será testigo.
Sabré amar el embeleso
Del hombre que ya esta vencido.

Sátira de Amor

¿Cuándo?
No lo sé
Pero deseo
Darte mucho amor.

Un día
De estos,
Cuando tenga tiempo.

Nos sentaremos a recordar
Cuantas promesas
Incumplidas tiramos a la mar.

¿Y, entonces
Por qué te enojas
Y no comprendes
Cuánto te amo?

Si tú supieras cuánto
Deseo hacerte feliz.
Tomarte en brazos y dedicarte
La canción que ayer oí.

Rina A González

Soñando Encantos

En el silencio de estas mis noches
Cuando contigo amor he estado
Ciento ese suave, perenne encanto,
Dulce embelezo de lo soñado.

Veo distinto lo ya vivido;
Siento mi alma como se funde
El dulce aliento de tu sentir,
Que se transforma en una nube.

Y así, al desnudo mi pecho inerte
Se vuelve loco del entusiasmo.
Se vuelve ardiente y apasionado
Al entregarse mi luz, amado.

Eres tú mi dulce magia.
Tú que penetras mis pensamientos
Poniendo adornos y toques nuevos,
A este mi estilo de darte un beso.

Das vuelo al sentimiento
Con esos tus besos en toda mi piel.
Despiertas alboradas ya dormidas
Deseo intimidar y sacar miel.

Y las estrellas, esas mis amigas,
Juegan coquetas dando de su luz
A esta mi flor que moría entristecida.
Tiende el infinito su manto azul.

Y esa brisa trae el hechizo
De la conquista en mi juventud.
El gran recuerdo de lo bonito
Y de lo bello que es plenitud.

Provocativa y Serena

Mi gran deseo para este día
Es amanecer en nuestro arrebol.
Sentir tu aliento como otros días.
Besar tus labios y darte amor.

Tocar tu cuerpo; tus pensamientos.
Acariciar tu pecho y tu faz.
Quedarnos después así, dormidos,
Soñando encantos en plena libertad.

Rina A González

Tal vez mañana

¿Qué es esto que siento en mis entrañas?
¿Qué es esta maravilla que me envuelve?
Al mirar tus ojos veo el firmamento,
Y al tocar tu rostro sé que veo al viento.

Es tu rostro bello como el nácar.
Son tus ojos firme como el mismo Sol.
Naces del humeen de nuestra conquista
Y con bellos nardos adornas tú mi amor.

¿De qué soy capaz? ¡De cualquier cosa!
Por ver tu cuerpo erguido en mi ventana doy la vida.
Más, lo que pasó se lo dejo al tiempo,
Y a la brisa sensual que me cobija.

Esa brisa que airosa vino a darme un beso
En esta mi mejilla que dormía.
Ha su llegada dejo mi cara transformada
En perenne amapola que respira.

Más no quiero que el momento cese.
No quiero perder lo que hoy tenemos.
Saber que estas junto a mí, es mi soñar,
Y me doy al sueño como a un verso.

Quién sabe si algún día regresarás.
Cuando menos lo espere, tú has de regresar.
Y con tu mano has de acariciar mi rostro
Y tu suave toque, me ha de despertar.

Tu Música

¡Tu música escucho y veo tus ojos!
Tu boca que entonan tus notas de amor.
Tu melancolía como fibra enlaza
El duro destino; tus ansias de amar.

Más, quizás la suerte nos unió esta noche,
Algo prodigioso o sólo el afán.
La calma comparto con tu música en néctar
Y al verte despierto quizás del soñar.

Tu sonrisa suave como luz que anima
Que apagarse puede, pero no mermar,
Ella me refleja el deseo del hombre
En busca de amparo, o una amistad.

Una mano amiga que entienda tus penas
Y comparta en silencio tu gran ideal.
La de ver el alba anunciar su plena
Y ver como el día compone tu andar.

Tu música escucho y en ella revelas
Los anchos caminos que viste pasar.
Ocultas deseos esclava rutina de amor que da pena;
Que sólo la ninfa podrá superar.

Tu música dispuso que así yo soñara
Y si los sueños fueran realidad
Hoy al conocerte me parece haberte visto
Y ya conocido en otro lugar.

¡Tu música escucho y veo tus ojos!
Romance que empieza al amanecer.
Este es mi delirio, el estar contigo
Oyendo tu música, me pongo a soñar.

Tu Ofrenda

Tu ofrenda de reconcilio
A estos corazones viejos
De recordar ese tiempo
Cuando juventud tenían.
Y sin miedo así se amaron
Y penetraron las sendas
De lo lindo, de lo puro
De lo mucho ya vivido.

Nuestro amor fue el idilio
Que penetró nuestras almas
Dando su amor y dulzura
Enlazados de la mano.
Y así se quedo gravado
En este mi pecho impreso
El latir del gran amor
Que distes a mi embelezo.

Mi amor, mi gran ensueño,
Fuiste todo para mí
La alborada que soñé,
La ilusión que ya perdí.
Y por siempre tú serás
La pasión que vive aquí
Prendido de este mí pecho.
Le sonrío al provenir.

El tiempo paso seguro
Y nuestro amor quedó atrás
Entre las nubes del cielo
Que nos vieran comenzar.
Guardó en mí ser el dibujo
De esos tus ojos tristes
Cuando me dijiste adiós
Cuando de niña te quise.

Provocativa y Serena

Hoy al escuchar tu voz
Miro y veo lo que fui.
Y para serte sincera
Me da pena lo que vi.
Veo sólo el esqueleto
De lo que ayer te di.
El naufrago del olvido
Hoy se vuelve en codorniz.

El tiempo es muy curioso.
Cuando jóvenes podemos
Cometer miles de errores
Que nos llevan a pensar.
Pero al pasar aprendemos
Que los años son preciosos
Y el tiempo que se pierde
Nunca ha de regresar.

Tu ofrenda de reconcilio
Es raudo como es el viento
Que en las mañana va lejos
Denotando su candor.
Más la comedia termina
Con notas de azul celeste,
Cuando nuestro amor fue puro
Cuando quiso solo eso.

Nuestras noches de marfil
Dejaron de ser radiantes.
Quizás tú lo que recuerdas
Es que te supe querer.
Más hoy a ti confieso
Que ya mi amor se murió.
Se fue detrás de los vientos
Que tu dolor me causó.

Una Bonita Amistad

¡Dulzura impregnada dejaste en mí!
Como algo suave que viene a forjar
Nuevas esperanzas, ilusiones que ayer yo perdí.

Soñadora, absurda, quizás.
Quisiera poder realizar en ti mi gran ideal
Dando a ti la misma ilusión que hoy tú me das.

Como las aguas que dulce llegan a dar de sí a la arena
Como las rocas que desvanecen con el tiempo,
El alma queda.

Quiero brindarte algo distinto
Y que prospera.
Quiero brindarte paz interna que ambos compartimos.

No un mundo vano ni de complejos, ni de aerolitos.
Con una base sólida de donde partir y dejar a un lado
Al mundo infantil.

Que los despojos queden al olvido
Y no poder recordar lo mucho ya vivido.
Dar de sí sin que nos cueste.

Ver brotar mi manantial
Que la musa tome mil colores
Con su mayor naturalidad.

Y lo que fue y quedó en vano
No pueda importunar nuestra bonita amistad.
¡Dulzura impregnada dejaste en mí!

Usted

Pasará el tiempo yo lo sé, y tu recuerdo
En vez de mermar crece, y en silencio
Recuerdo nuestro ensueño, lo dulce y lo duro
Lo mucho ya vivido, y lo perdido.

No será quizás por mucho tiempo
Que recura a mis melancolías del ayer.
Pero segura de una cosa hoy declaro;
De entre todos lo prefiero a usted.

Quizás no supe amarte
O comprender que te amaba sólo a ti.
Y ahora que no tengo tu presencia
Muero en silencio por verte ante mí.

Las palabras que fueron pronunciadas
Entre nuestro idilio recuerdo hoy aquí
Y la sola frase de 'te quiero'
Late fuertemente en este día gris.

¡Yo Soy!

Yo soy la luz que brilla en el atardecer
De un alma que abatida se dispone a insomnio,
Por los laberintos de su propia siembra;

Y espera que esta luz, aún disponga de tiempo
A recoger cuán dulce hoguera,
Las cosechas de siembra de un despojo.

Yo soy la estrella que alumbró tu vida
Y cuando más radiante te veías, creías
Que la luz emergía de tu propio ser y confundías.

Tus desprecios, tu desdén no me dolían
Sólo herías a la estrella que alumbró tu vida.
Y aunque apagarse quería, no podía.

Más hoy, después de contemplar con calma
Cuan cruel e injusto fuiste,
No siento ni dolor, ni tengo llanto,
Ni hay en mí más melancolía.

Sólo queda la calma,
La quietud y la pureza
Que tanto tratantes de arrancar de mi alma.

Rina A González

Sobre La Autora

Rina A González es maestra espiritual y autora publicada. Sus libros tratan de temas espirituales donde ella enseña cómo poder tener mejor vida al ser éstas entendidas.

Ahora Rina se goza en darnos su colección de poesías escogidas, las cuales han sido escritas a través de su vida.

Ella espera que ustedes disfruten la lectura y logren sacar del tema su linda enseñanza.

A continuación se encuentran los más recientes seminarios que Rina ofrece:

➢ Despertando La Diosa Interna
➢ Las 12 Leyes Universales
➢ Recupere su Sexualidad
➢ Como tener mejor vida, inspirado por el tema de su libro; "El Contrato de las Almas {disponibles en inglés y en español}

Rina sabe que;

"Lo que no entendemos, termina por confundirnos".

A continuación ha de ver los títulos de los libros de Rina. Ellos son:

Español:

El Contrato de las Almas
"Destino" ~ Crónicas de un Legado
Provocativa y Serena ~ Poemas Escogidos
Amor que Perdura ~ Las Poesías de Pipo

English:

The Contract of the Soul
"Destiny" ~ Chronicles of a Legacy
Provocative and Serene ~ My Poetry Collection
An Everlasting Love ~ My Father's Poetry

Las personas interesadas en recibir comunicados sobre los próximos libros de Rina, favor de ir a sus Paginas Web para más información:

http://www.angelicgoddesses.com

www.ingramcontent.com/pod-product-compliance
Lightning Source LLC
Chambersburg PA
CBHW051820090426
42736CB00011B/1573